Dj

MA'OHITUDE

tranches de vie a Tahiti

initialement publié sur maohitude.com

ISBN 1480181919

ISBN-13 : 978-1480181915

Mā'ohitude est spécialement dédicacé aux Polynésiens fa'a'amu, partout dans le monde, à ceux loin de notre fenua, aux étudiants, aux militaires, aux voyageurs. Vous cherchez un peu de paraparau mā'ohi sauce et beurre ? C'est ici mea mā !

mā'ohitude : *néologisme*. De la langue tahitienne **mā'ohi** (local, dans le sens 'originaire de Polynésie française') et du suffixe **-itude** (sert à former des mots impliquant l'idée d'une attitude, d'une pose revendiquée, en opposition à l'état intrinsèque).

sa le ta'ata perdu en ban's

spot : vers To'ata, Papeete, Tahiti

TA'ATA TAHITI EN 4X4

Hey, les gars ! ...... C'est où déjà la rue Cook ?

POPA'Ā EN VOITURE (LE CHAUFFEUR)

Euh.....

POPA'Ā EN VOITURE (SUR LE SIÈGE ARRIÈRE)

Et tu demandes à trois farāni dans une voiture de location ? Putain, t'es pas arrivé, toi !

sa la cour plein de veri

spot : bord de route, Faa'a, Tahiti

TA'ATA TAHITI

Tu vois ce gars-là ? J'ai pāmu sa sœur dans l'arrière-cour. Man, ses parents ont un vrai problème de cent-pieds là-bas. C'est mieux ils s'en occupent vite fait.

sa le popa'ā qui s'énerve

spot : quartier Aou'a à Paea, Tahiti

POPA'Ā ÉNERVÉ APRÈS UN GROUPE DE POLYNÉSIENS
TA'ERO
Toi, tu vas vite me lâcher, ok ? C'est pas parce que je
suis pas costaud que je sais pas me défendre !

UN DU GROUPE DE POLYNÉSIENS TA'ERO
Eure !

POPA'Ā
Tu sais combien y'en a qui sont prêt à te casser la
gueule en échange d'une caisse de bière et un paipu ?
Moi je m'en fous, hein, parce qu'au final, tout le monde
se sera bien amusé. C'est vous qui êtes dans le "action",
pas moi !

UN DU GROUPE DE POLYNÉSIENS TA'ERO
'Auē !

sa le ta'ata qui prépare un trip au tél

spot : un bus en direction de Taravao, Tahiti

TA'ATA TAHITI, AU VINI
Et trois filles qu'on connait seront là. Elles sont toutes
moches, mais bon au moins c'est des filles hoa ia.

sa les gars qui donnent des notes

spot : Lycée de Papara, Tahiti

JEUNE TAHITIEN, REGARDANT LES FESSES D'UNE FILLE
J'dirais.... 8 à elle.

JEUNE TAHITIEN N°2
Tssss ! 8 sur 100 alors !

JEUNE TAHITIEN N°1
Ok alors. Et elle, qu'est ce t'en penses.... 8 ?

JEUNE TAHITIEN N°2
'Aita ia

JEUNE TAHITIEN N°1
Alors, dis paì !

JEUNE TAHITIEN N°2
Le gars là-bas....

JEUNE TAHITIEN N°1
Et quoi alors ?

JEUNE TAHITIEN N°2
Lui, c'est un 8.

JEUNE TAHITIEN N°1
Hīae, joe ...

sa les feuilletons télé

spot : quartier Hamuta à Pirae, Tahiti

FILLE N°1
Moi, chui, genre, carrément accroc à
"Des jours et des Vies".

FILLE N°2
Ah bon ?

FILLE N°1
A l'aisse, mais chui dégouté, parce qu'un des acteurs
s'est fait carrément viré, et ils ont mis un autre gars à la
place. Sauf que je peux pas voir ce gars, tu sais, parce
que, ben..... c'est pas le même gars, tu vois ?

FILLE N°2
Ah ouais ?

FILLE N°1
A l'aisse Joe. Du coup, ça a carrément taui mon
programme télé. J'veux dire, qu'est ce que je vais
regarder à la place, Tinu Shopping ? E hoa erā...

FILLE N°2
Ben... ch'ai pas, tu pourrais aller à l'école ou étudier, à la
place...

FILLE N°1

J'ai pas besoin. J'étudie pour être femme au foyer.....
[aperçoit la fille n°3] Purée, trop top les chaussures de
cette fille. Ça irait carrément bien avec mon sac.
[à la fille n°3] Hé, copine !
'Ē'ēee, excuse-moi, où tu as eu ces chaussures ?

FILLE N°3

On a offert, c'est mon mari.

FILLE N°1, À LA FILLE N°2

Tu vois ? Terā hoa, fin des cours.

sa le gars qui bloque sur son sac

spot : face gare des trucks, front de mer, Papeete, Tahiti

FEMME

ça, c'est Teahupoo ?

GARS N°1, EN REGARDANT SON SAC

'Aita madame, ça c'est Billabong.

GARS N°2, ASSIS À CÔTÉ

Brad, je pense qu'elle parlait du bus.

GARS N°1

Aaaah....'aita ia madame, c'est pour Tautira. Sinon, top
mon sac, hein? j'ai acheté à la braderie !

sa la fille et le bernard l'ermite

spot : plage du PK 18, Punaauia, Tahiti

FILLETTE POPA'Ā, TENANT UN BERNARD L'ERMITE
Oh, Papa. Il est trop mignon. Je peux le garder ?

PÈRE
Non ma puce, il est trop petit.

FILLETTE POPA'Ā
Non Papa, je le veux comme animal.

PÈRE
Il doit vivre à la mer, ma chérie. On doit le laisser partir.

FILLETTE POPA'Ā
Mais Papa, je l'aime. On peux le garder ?

PÈRE
Non, ma puce.

FILLETTE POPA'Ā
Papa ?

PÈRE
Oui, ma puce ?

FILLETTE POPA'Ā
Je peux l'écraser ?

mā'ohitude

sa le gars de la fontaine

spot : bord de route, Tiarei, Tahiti

BRAD

Faut pas vite aller, man ! Plus tu vas vite, plus tu foires.
T'as entendu parler du lièvre et de la tortue ? Man, le
lièvre, il a vitesse et il a foiré. Mais la tortue, man, elle
est allé cool, tu vois ?

sa le rātere à l'accent

spot : marché de Papeete, Tahiti

TOURISTE FARĀNI N°1

Je me demande si les locaux ont du mal à nous
comprendre, parfois.

TOURISTE FARĀNI N°2

Pourquoi auraient-il du mal ?

TOURISTE FARĀNI N°1

Ben... à cause de notre accent.

TOURISTE FARĀNI N°2

Mais... on a PAS d'accent !

sa s'il doit en rester qu'un

spot : rue à Papeete, Tahiti

GARS AU VINI

Mais ch'te parle pas de GTS. Je dis seulement : si y'avait que deux partis politiques, et que c'était la fin du monde, lequel tu choisirais, le Tahoeraa ou le Tavini ?

sa la faute aux titis

spot : centre Vaima, Papeete, Tahiti

JEUNE POLYNÉSIEN, TAMPONNANT UNE FEMME ET SON ENFANT EN MARCHANT

Oops, désolé madame, c'est ma faute !

[se tourne vers sa copine]

Tu vois ce que ça me fait faire, tes titis ?

sa les gènes qui frappent

spot : Hopital Mama'o, Papeete, Tahiti

PATIENTE À MAMA'O

L'obésité... c'est dans l'ADN. Et la nuit dernière, j'ai senti mes gènes me frapper. Alors j'ai pris un casse-croute tuna, mais j'ai retiré le pain. Mes gènes, ils veulent que je sois grosse... ils veulent pas que je sois mince et jolie comme les autres.

sa le film qui tue

spot : Parc Bougainville, Papeete, Tahiti

TAURE'ARE'A N°1
T'as déjà vu le film "Orange mécanique" ?

TAURE'ARE'A N°2
'Aita ia. Ça parle de quoi ?

TAURE'ARE'A N°1
Ça parle de viol. Et de mort. Et aussi, tous les trucs mal dans le monde. Mais genre, en trop top quoi.

sa le rātere occupé

spot : plage Pointe des pêcheurs, Punaauia, Tahiti

Femme touriste : Regarde leur fesses. Ces bikinis sont trop petits... Chéri ? Tu m'écoutes ?

Mari touriste, hypnotisé : Hein ?

Femme touriste : C'est bien ce qui m'semblait. Trop petits.

sa le style ricain

spot : Lycée du Taaone, Pirae, Tahiti

LYCÉEN N°1, AU STYLE AMÉRICAIN
Nave ton style : tu ressembles à 50 Cent.

LYCÉEN N°2, AU STYLE AMÉRICAIN
Thanks man.

LYCÉEN N°3, AU STYLE KAINA
... sauf qu'ici, on t'appellerait 50 balles.

sa hot sa couleur

spot : magasin Hyperbrico, Papeete, Tahiti

PATÈRE
Alors, c'est quoi ta couleur préférée ?

FILS
Ummm..... rose !

PATÈRE, ÉNERVÉ
Nan! c'est noir, ou sinon, bleu.

sa le matahiapo du XXIème siècle

spot : Mahana Park, Paea, Tahiti

MATAHIAPO TĀNE, EN TAHITIEN
Qu'est ce qui rend les gens heureux de nos jours ?
Vraiment heureux ?

MATAHIAPO VAHINE, EN TAHITIEN
Tout est dans l'argent, les maisons de luxe et les grosses
voitures ...

MATAHIAPO TĀNE, EN TAHITIEN
'Auē... c'est n'importe quoi

*[3 minutes après, le matahiapo tāne sort du parking
avec un 4x4 Dodge 'āpī....]*

sa le cousin qui n'a pas de spot à lui

spot : quartier Titioro, Papeete, Tahiti

COUSINE
Comment tu vas faire pour le sexe, sans chambre à toi
tout seul ? Ton patère, il est pas inquiet pour ton cocoro
?

COUSIN
Ça, Dieu seul le sait... Mais mon cocoro, là, il chante le
blues.

COUSINE
Mon Dieu, c'est triste ! Moi, c'est le contraire. Ma poupoune, elle me supplie pour des vacances, alors que c'est pas possible, vu qu'on est booké pour deux semaines d'affilé.

sa le mariage tabu

spot : Pointe Vénus, Mahina, Tahiti

MAMA
Alors, c'est fini cette dispute ?

PETIT BRAD SERRANT UNE PETITE FILLE DANS SES BRAS
On va se marier !

MAMA
Mais... vous êtes cousins...

PETIT BRAD
Nan, enfin quand on sera grand.

MAMA
Mais vous serez toujours.... bon, fa'aru'e.

sa la différence entre
une pute et une call-girl

spot : quartier Hamuta, Pirae, Tahiti

GARS DU QUARTIER

Une call-girl, c'est juste une pute qui a de la classe.

FILLE DU QUARTIER

Steplait, une call-girl, c'est une pute qui a des exigences.

GARS DU QUARTIER

Ouais, peu importe. Une call-girl, c'est pas différent
d'une prostituée. Mais moi, je respecte la prostituée,
parce qu'elle n'en fait pas un secret. Une pute, tu vas
pouvoir la shoot contre un Happy Meal. Un happy meal,
Joe ! Même pas un menu Best-Of.

FILLE DU QUARTIER

Ouais, mais peut-être que tout ce qu'elle veut, c'est un
Happy Meal.

GARS DU QUARTIER

A l'aise, Joe, c'est pour le jouet aussi !

sa le vini à la plage

spot : plage PK 18, Punaauia, Tahiti

FILLE N°1

Purée ! C'est fiu, les gens qui emmènent leur vini à la plage.

FILLE N°2

Euh... moi j'ai mon vini à la plage en ce moment.

FILLE N°1

Moi aussi.

sa le truc pour perdre du poids

spot : Hopital Mama'o, Papeete, Tahiti

FILLE, AU VINI

A l'aisse qu'elle avait l'air mieux!
Elle m'a dit qu'elle n'était plus qu'à une grippe intestinale de son poids idéal.

sa le bébé crevette

spot : journée d'adoption animaux, mairie de Punaauia, Tahiti

FILLE N°1
Un bébé, ça prend 7 à 8 semaines pour qu'il ait l'air adorable. Avant ça, on dirait une crevette.

FILLE N°2
A l'aisse. Alors qu'un bébé chiot, c'est mignon tout de suite.

sa le coût de la vie

spot : route de la carrière, Papara, Tahiti

GARS
T'as vu ça un peu, le coût de la vie ? Si c'est comme ça, j'ai plus qu'à aller dire à mon fils de commencer à vendre du paka !

sa la plage plein de rayons

spot : plage du PK 18, Punaauia, Tahiti

BIMBO FARĀNI
Comment ça se fait que la plage attire tant de rayons de soleil ?

tranches de vie à Tahiti

GARS
Autant de rayons de soleil ?!?

BIMBO FARĀNI
Ben oui, il fait toujours plus ensoleillé à la plage.

GARS
Euh... chéri.... peut-être que tu devrait t'asseoir à
l'ombre, un moment.

sa l'indépendantiste hot

spot : bar du Beachcomber Intercontinental, Faa'a,
Tahiti

FILLE
Je suis content d'avoir couché avec lui avant que je me
rende compte qu'il est indépendantiste.

sa quand tu transpires

spot : plage de Lafayette, Arue, Tahiti

PETITE FILLE
Maman, devines un peu ce qui m'a dit Papa...

SA MATÈRE
Vas-y, dis un peu ?

mā'ohitude

PETITE FILLE

Quand tu transpires, c'est comme si ta peau te pissait dessus !

sa le man qui veux être un chien

spot : place de la cathédrale, Papeete, Tahiti

TAURE'A N°1, QUI REGARDE UNE SUPERBE FILLE QUI PROMÈNE SON CHIEN

Je veux être un chien.

TAURE'A N°2

Moi aussi

TAURE'A N°3

Fa'atea vous deux ! Comme ça, vous pourrez vous renifler le tiho, mais ce serait normal !

sa le défi miti fāfaru

spot : magasin Cash Api, Paea, Tahiti

GARS, AU VINI

il a bu la moitié d'une bouteille de miti fāfaru ? Bon... ben, préviens moi lorsque l'ambulance arrive.

sa le Pak'Drive

spot : Jardins de Paofai, Papeete, Tahiti

POPA'Ā

C'est quoi cette histoire de Pak'Drive ?

LOCAL N°1

Man, le Pak'Drive, c'est le Paka Drive. Tu vois le Mac Drive à Taina, sa à Punaauia ? Sa où y'a le MacDo avec le service au volant ?

POPA'Ā

Ouais, le genre de drive-in ?

LOCAL N°1

Voilà, ben à Tahiti, tu peux acheter le paka au volant, en vitesse quoi.

LOCAL N°2

Joe, brad ! T'es vite servi aussi.

POPA'Ā

Ah bon ? Où ça ? J'imagine qu'y a pas de panneau...

LOCAL N°1

Man ! Māu'a le panneau, tout le monde sait où c'est.

mā'ohitude

POPA'Ā
Comme où alors ?

LOCAL N°2
Comme à Outumaoro, en face Carrefour... sinon Heiri,
Vaitavatava, na plin !

POPA'Ā
Ah ouais, pas mal le système. C'est tout le temps ouvert
alors ?

LOCAL N°1
Voilà... y'a tout le temps un gars quoi.

LOCAL N°2
Joe, même mieux qu'au Mac Do. Des fois ils servent 2
ban's en même temps !

LOCAL N°1
A l'aisse.

sa la raison pour aller boulot

spot : ascenseur centre Vaima, Papeete, Tahiti

UNE EMPLOYÉE LOCALE
Sérieux, la seule raison je vais au boulot, tssss... c'est
pour profiter aussi de la clim'.

sa le garçon qui veut un lapin

spot : foire agricole à Vaitupa, Faa'a, Tahiti

PETIT GARÇON
Maman, maman, je veux un lapin !

SA MAMAN
nan.

PETIT GARÇON
Pourquoi ?

SA MAMAN
Parce que d'abord tu va l'aimer, ensuite il va puer, ensuite il va mourir, et ensuite tu vas pleurer !

sa la femme amie pour la vie

spot : Supermarché Marina Taina, Punaauia, Tahiti

FEMME POPA'Ā, AU VINI
Tu vois, c'est pour ça que tu peux pas être gentil comme ça avec tout le monde. J'ai été gentil avec elle une fois, juste UNE fois ! Et maintenant, elle pense qu'on est amies. Comme si j'en avais besoin !

sa le tatouage pas sexy

spot : parc Bougainville, Papeete, Tahiti

UN JEUNE TAHITIEN
Tu trouves pas ça sexy les tatouages sur la nuque ?

UNE JEUNE POPA'Ā
Non.

UN JEUNE TAHITIEN
Ça te fait penser à quoi ?

UNE JEUNE POPA'Ā
À la prison...

UN JEUNE TAHITIEN
Et si je mets un motif marquisien ?

UNE JEUNE POPA'Ā
Ben... à une prison marquisienne...

sa la fille qui veut des gros titis

spot : plage du PK 18, Punaauia, Tahiti

FILLETTE POPA'Ā
Dis maman, j'aurai de gros titis ?

MAMAN POPA'Ā À LA POITRINE PLATE
Hum.... probablement pas, non.

FILLETTE POPA'Ā
Mais les garçons, ils aiment les gros titis !

MAMAN POPA'Ā À LA POITRINE PLATE
Seulement les idiots, parce que les filles aux gros titis
sont toutes idiotes.

FILLETTE POPA'Ā
Mamie, elle avait des titis énormes !

MAMAN POPA'Ā À LA POITRINE PLATE
Oh, chérie ! Regarde, c'est pas une raie, là, un peu plus
loin ?

sa le gars qui veut de Mareva Georges

spot : devant un magasin, Papara, Tahiti

TA'ATA N°1
A l'aise, je me ferais bien Mareva Georges si elle avait
pas de gosses.

TA'ATA N°2
Mais toi, t'as pas déjà des gosses ?

TA'ATA N°1

'Oia, ben justement ! Pourquoi je voudrais aussi ses bagages à elle ?

sa le popa'ā et son pass local

spot : bar du Sofitel Maeva Beach, Punaauia, Tahiti

POPA'Ā

Eh! Maintenant que t'es là, on peut aller au snack de Tavararo pour chopper un bon poisson cru taioro.

MĀ'OHI

Comment ça brad, "*maintenant que t'es là*" ? Quoi alors, tu peux pas aller à Faa'a tout seul, et maintenant que t'as ton pass local, t'es en sécurité ? C'est quoi ce délire ?

POPA'Ā

Non mais dis-moi un truc : tu irais, toi, à Tavararo, tout seul, la nuit ?

MĀ'OHI

Ouais, ben... c'est pas une raison.

sa le raerae dans l'espace

spot : bord de route, Tahiti

RAERAE N°1

Copine, tu savais qu'une société russe peut t'emmener faire un tour dans l'espace pour 40 millions de dollars ?

RAERAE N°2

E mea! Moi je vais jamais faire un truc pareil. Je me chierais dessus.

RAERAE N°1

Et moi alors, je me chierais dessus rien que d'aller en Russie !

sa la mama qui veut le Internet

spot : devant l'agence Mana, pont de l'est, Papeete, Tahiti

MAMA, AU VINI

Ouais, ils devaient m'installer le Internet à la baraque pour que je communique avec ma fille, tu sais, en France, mais bon, apparemment, c'est tout un truc... Il faut pa'i un ordinateur.

sa le ta'ero qui frappe les enfants

spot : Titioro, Tahiti

TA'ERO N°1

Il faut pa'i frapper les enfants pour leur apprendre le respect.

TA'ERO N°2

Ça marche pas hoa ton truc.

TA'ERO N°1

A l'aise joe que ça marche. Tu te rappelles quand j'ai volé le mea quand j'étais jeune et que mon patère m'a frappe ? eh pa'i, ça m'a montré ho'i le respect qu'il faut pas voler.

TA'ERO N°2

Ouais, mais tu voles toujours.

TA'ERO N°1

Ouais, mais je vole plus ma famille.

sa le touriste et le récif

spot : Rocky point, Papenoo, Tahiti

TOURISTE REGARDANT LA MER, À SA FEMME

Alors.... je crois voir le récif.... mais où est le lagon ?

sa la femme qui en veut une demi douzaine

spot : snack à Fare Ute, Papeete, Tahiti

EMPLOYÉE DU SNACK
Madame, qu'est ce que tu veux ?

FEMME POPA'Ā
J'aimerais une demi douzaine de vos panés au poulet,
s'il vous plaît.

EMPLOYÉE DU SNACK
iii.. Madame, n'a pas. On les vend seulement à l'unité,
sinon 2, 3, vous dites combien ...

FEMME POPA'Ā, SE TOURNE VERS SA COLLÈGUE DEMI
Elle est sérieuse là?

COLLÈGUE DEMI, À L'EMPLOYÉE DU SNACK
Elle en prend 6 alors.

sa la fille qui veut test des trucs nouveaux

spot : roulotte, place Vaiete, Tahiti

GARS REGARDANT LA CARTE, A SA COPINE
Je comprend pas là ! Hier soir seulement, tu te plaignais
de jamais essayer des trucs nouveaux, alors que tu sens
que tu dois le faire.

mā'ohitude

SA COPINE
Ok Manu, mais bon, commander des chevrettes cristal,
c'est un peu différent d'un plan à trois, si tu veux.

sa l'élève qui compte à sa façon

spot : école primaire du Taaone, Pirae, Tahiti

Prof : Combien d'heures entre 8h et 10h ?

ELÈVE
Trois

PROF
Non, entre 8 et 10.

ELÈVE
8, 9, 10. Ça fait trois Monsieur.

sa la folie des soldes

spot : devant une boutique de lingerie, Papeete, Tahiti

GARS QUI POINTE DU DOIGT LA VITRINE
Joe, trop top le cadeau pour ta fesse : une culotte avec
marqué "EN SOLDE" en travers du derrière !

SON COLLÈGUE
Hot saaa !

sa la fille du magasin trop curieuse

spot : petit magasin, quartier Taunoa, Papeete, Tahiti

FILLE DU MAGASIN
Alors, c'est ta petite amie ?

CLIENT
Nan, c'est juste ma colocataire.

FILLE DU MAGASIN
Et l'autre fille avec qui t'es venu la semaine dernière,
tu sais, l'autre blonde ?

CLIENT
Nan, c'était juste une copine.

FILLE DU MAGASIN
Et la brune, avec qui t'es passé l'autre jour ?

CLIENT
En fait, je suis gay.

CLIENT, À SA COLOCATAIRE UNE FOIS SORTI DU
MAGASIN
Joe ! T'as vu ça un peu ? Cette fesse me harcèle ou quoi,
elle mate toutes les filles avec qui j'entre au magasin. Il
a fallu que je lui dise que j'étais gay pour qu'elle arrête
ses questions. Purée !

COLOCATAIRE

Pourquoi tu lui as pas seulement dit que Hina c'était ta
petite amie ?

CLIENT

Parce que vu comment elle m'a cuisiné, il aurait
carrément fallu que je lui amène Hina et que je
l'embrasse en face de cette folle pour qu'elle me croit.

COLOCATAIRE

C'est sûr... alors maintenant, il faut que tu ramène un
gars et que tu l'embrasses pour qu'elle te croit.

CLIENT

Hīae! Alors là, c'est pas hoa sûr que ses casse-croutes en
vaille le coup.

sa la vendeuse qui sait pas trop

spot : magasin près du marché, Papeete, Tahiti

FEMME CLIENTE

Cette jupe, ça va pas rétrécir au sèche-linge ?

FEMME VENDEUSE

Je ne sais pas si ça va rétrécir. La copine elle dit que nan,
paha. Mais des fois, oui. Ça dépend. On peut pas ia
savoir. Peut-être oui, peut-être nan.

sa le gars qui pāmu sur la plage

spot : Popoti beach park, Taharuu, Papara, Tahiti

BRAD N°1

Man, t'as déjà pāmu à la plage ?

BRAD N°2

Sexe à la plage ?

BRAD N°1

A l'aisse, man. Sexe à la plage ?

BRAD N°2

Avec une fille ?

BRAD N°1

De quoi tu crois que je parle, tītoi ?! Ouais, avec une
fesse !

BRAD N°2

Ah... carrément baiser sur le sable, genre juste là ?

BRAD N°1

Ouais joe, sur le sable, avec une fille, à la plage, juste là.

BRAD N°2

Tu veux dire, pāmu i roto roa, ou juste avec les doigts
vite fait ?

mā'ohitude

BRAD N°1

Le sexe man, baiser carrément !

BRAD N°2

Comme tu vois, y'a plein de type de sexe, anal, sinon y'a buccal...

BRAD N°1

Purée, fa'atea toi ! Mais je te parle de grosse baise avec pénétration et tout ! Réponds seulement, t'as déjà baisé sur la plage ou pas ?

BRAD N°2

'Aita, brad. J'ai jamais fait.

BRAD N°1

Eure ! Tout ça pour ça !

sa la fille qui devrait grossir

spot : derrière le marché de Papeete, Tahiti

GARS TA'ERO

Eh, copine ! joli à toi... Tu grossis un peu et je te shoote.

sa la miss qui veut Temaru à son mariage

spot : Bar de l'hôtel Méridien, Punaauia, Tahiti

MISS N°1

J'arrive pas à croire qu'elle veuille le Président Temaru à
son mariage !

MISS N°2

À l'aise ! Et si jamais il parle d'indépendance du Pays ?

MISS N°1

Mais pourquoi il dirait "indépendance" pendant un
mariage ?

MISS N°2

Eh oh ! C'est de Oscar dont on parle.

MISS N°1

À L'aise ...

sa le mūto'i ex bonbon dealer

spot : hauteurs de Pamata'i, Faa'a, Tahiti

GARS

Alors, ça fait combien de temps que ton ex est sur le
terrain ?

FILLE

Et ben, ça va faire 3 ans qu'il est mūto'i, mais il habite toujours chez ses parents, vu comment les mūto'i se font payer.

GARS

Les mūto'i, ça gagne que dalle au début, hein ?

FILLE

Ben en fait, il gagnait carrément plus d'argent avant, tu sais...

GARS

Ah ok, en vendant du paka, c'est ça hoa ?

sa le touriste qui prend racine

spot : parking de la plage publique de Tema'e, Mo'orea

TOURISTE POPA'Ā

Je hais ces touristes ! Ils pensent que c'est cool, ils viennent passer le weekend à Moorea avec leurs petite voiture de location, ça fait des embouteillages et puis y'a plus de place pour se garer à la plage.

Rentrez chez vous !

JEUNE LOCAL

Monsieur, quand je regarde ta ban's, c'est une location aussi. 'A na, le point orange.

TOURISTE POPA'Ā, CHANGEANT DE TON

Oui, j'ai loué un fare pour tout l'hiver, à Maharepa. En fait, je suis un peu comme toi... dans un sens.

JEUNE LOCAL

Allons man, steplait ! *[plus bas]* Tītoi !

sa la popa'ā, la plage, et la météo

spot : plage du PK 18, Punaauia, Tahiti

FEMME POPA'Ā

Je crois que je viens d'entendre le tonnerre.... vous pensez qu'il va bientôt pleuvoir ?

GARS DU SNACK PLAGE, REGARDANT LE MAGNIFIQUE CIEL BLEU

Mmmmhh.... ouais. Vous feriez mieux de partir bientôt. Il va surement pleuvoir d'une minute à l'autre.

FEMME POPA'Ā

Oh.. ok. Merci monsieur.

Hé, les enfants ! On y va ! On dirait qu'il va pleuvoir ! ...

...

Allez allez allez, pas de 'mais' !

sa le djeune excité par la maladie

spot : place Taraho'i, Papeete, Tahiti

DJEUNE

C'est moi seulement, où quand on est malade, on est trop excité ?

DJEUNETTE

Man, c'est toi ho'i seulement, j'en suis sûr.

DJEUNE

Ça 'ē, je suis paha excité tout le temps.

DJEUNETTE

iaaa ! Lâches moi et va mater un porno alors.

DJEUNE

Tsssss ! C'est pas le rā'au que j'avais en tête là.

UN INCONNU QUI PASSE

Hé, mon frère, y'a pas de mal à tītoitoi. C'est carrément naturel man. Joe, moi je fais tout le temps. Même y'a pas 5 minutes aux chiottes du Mac Do.

DJEUNETTE

iaaaa Dégage !

sa le tinitō et le portrait chinois

spot : un snack au centre Vaima, Papeete, Tahiti

TINITŌ

T'as entendu parlé que Gaston Tong Sang serait plus
Président ?

POPA'Ā

Ouais, ça me fait penser.... tu connais les portraits
chinois ?

TINITŌ

Quoi alors ?

POPA'Ā

Pour Tong Sang, s'il était un bonbon, ce serait quoi ?

TINITŌ

euh..... dis un peu ?

POPA'Ā

un Tic Tac

TINITŌ

A l'aisse, parce qu'il est tout petit ?

POPA'Ā

Ouais, et puis goût orange aussi !

sa la bonne sœur qui gueule à la fille

spot : paroisse à la presqu'île de Tahiti

VIEILLE SOEUR, À UNE JEUNE FILLE

Tu ne seras jamais près de Dieu si tu ne pries pas chaque jour et chaque nuit ! Et comment tu penses t'améliorer si tu pries pas ? Tu peux pas décider seulement de ne pas venir à l'église pendant deux semaines parce que tu as des devoirs à faire ! Tu dois venir à l'église pour que Dieu te donne la force de prier ! Mais enfin, qu'est ce que tu crois ?

sa les tamari'i dans le courant

spot : plage du Mahana Park, Paea, Tahiti

COPINE N°1

Oti, c'est fait ?

COPINE N°2

'Aita, pas fini. Hé, mais pousse un peu, t'es dans le chemin du courant !

PETIT GARÇON

Hīae ! Elle fait pipi !

COPINE N°2

Chhhhhhuuut ! Tout le monde t'entend !

sa les touristes américains et leur peau

spot : bar du Four Seasons Resort de Bora Bora

TOURISTE AMÉRICAINE
[traduit de l'anglais]
Hey, tu sais... j'ai entendu qu'aux Tuamotu, ils
mélangent le sable avec leur mono'i, et ça fait un
exfoliant pour leur peau ?

TOURISTE AMÉRICAIN
Putain, mais c'est n'importe quoi !
[that's fucking stupid !]

TOURISTE AMÉRICAINE
Je sais, m'en parle pas ! J'ai testé l'année dernière, et j'ai
pris une sale irritation. Alors cette année, je vais mixer
du sable et de l'huile pour bébé.

sa la vahine fiu des taxes

spot : banque Socredo, Punaauia, Tahiti

JEUNE FEMME, DANS LA FILE D'ATTENTE DE LA BANQUE
Fiu aussi toutes ces taxes, il reste plus rien! Va encore
falloir pondre des allocations !

sa la vieille qui achète une télé

spot : magasin en ville, Papeete, Tahiti

VENDEUR

C'est une bonne télé, madame, y'a la TNT et tout. Mais bon, disons que dans 3 ou 5 ans, elle sera sûrement obsolète, vous voyez ?

VIEILLE POPA'Ā RETRAITÉE

Aie.... Oh, c'est bon, car de toute manière,moi aussi je serai probablement obsolète dans 3 ou 5 ans.

sa l'étudiant et sa technique hot

spot : bringue sur une pirogue double aux bancs de sable de Taapuna, Punaauia, Tahiti

ETUDIANT N°1

Alors en fait, je me suis pas branlé pendant une semaine, pour que je puisse lui envoyer un gros glouglou dans la bouche. T'as déjà fait ce truc-là ?

ETUDIANT N°2

À l'aisse, mais sans faire exprès.

sa le popa'ā qui na plu de pain

spot: magasin Week End, Punaauia, Tahiti

POPA'Ā QUI RÂLE DEVANT LES BACS À PAIN VIDE À
L'HEURE DE LA FERMETURE

Pffff ! Vivement qu'ils augmentent le prix, et y'aura
peut-être encore du pain à cette heure-ci la prochaine
fois.

sa le touriste sans guide

spot : station de taxi du centre Vaima, Papeete, Tahiti

TOURISTE ÉTRANGER, AU CHAUFFEUR DE TAXI

Say comb yen poor allay ah Moorea ?

sa le signe particulier de Vaitiare

spot : station Shell RDO, Papeete, Tahiti

FILLE, AU VINI

Vaitiare sera là aussi...

... mais si, t'as déjà vu Vaitiare...

tu sais l'autre fois chez Augustin....

...

mais si... sa avec les titis ha'avare !

sa la tahitienne qui a arrêté l'autre fois ra

spot : hall de la CPS, Papeete, Tahiti

JOLIE TAHITIENNE
Je vais fumer la cigarette.

SON TĀNE
Je croyais que t'avais arrêté !

JOLIE TAHITIENNE
Ben oui, mais ça fait super longtemps j'ai pas fumé une.

SON TĀNE
Mais... c'est pas ce que ça veut dire "arrêter" ?

JOLIE TAHITIENNE
Ouais, c'est ça. J'ai arrêté. Mais là je vais en fumer une,
oti roa.

sa le brad qui manque de confiance

spot : Vaiaha, Faa'a, Tahiti

GARS KAINA DU QUARTIER
Sans capote ? ch'ai pas aussi, brad... ... j'ai pas pa'i
confiance en sa poupoune.

sa la fille qui se regarde le pito

spot : devant magasin LS Proxy, Paea, Tahiti

COLLÉGIEN
C'est quoi alors son problème à elle ? Toujours à se
regarder le pito, hein ?

COLLÉGIENNE
À l'aisse man, Encore une archi sick !

Collégien
C'est quoi c'est quoi ?

COLLÉGIENNE
Archi sick, carrément malade !

COLLÉGIEN
Ah... c'est ça alors archi sick... c'est pas narcissique ?

sa la plus cool des femmes

spot : plage de la pointe Vénus, Mahina, Tahiti

LA PLUS COOL DES FEMMES
Chéri, midi.

mā'ohitude

MARI DISTRAIT
Hein ? Mais non, c'est pas midi. Il est 11h30.

LA PLUS COOL DES FEMMES
J'veux dire, à midi.

MARI DISTRAIT
J'comprend pas.

LA PLUS COOL DES FEMMES
Mate un peu juste devant toi.

MARI DISTRAIT
Pourquoi ?

LA PLUS COOL DES FEMMES
[chuchote]
Mate un peu la vahine sexy juste en face de toi !
Regarde ! Regarde !

MARI DISTRAIT
Oh!.... Jolie....

sa le gars avec la seconde chance

spot : centre Moana Nui, Punaauia, Tahiti

GARS À L'AIR DÉPRIMÉ

Tsssss ! J'ai carrément raté mon début d'année. Côté résolution c'est pas hoa ça.

FILLE

Ben c'est pas grave, on a tous une seconde chance.

GARS À L'AIR DÉPRIMÉ

C'est quoi alors ?

FILLE

Ben avec le nouvel an chinois ! Si tu foires en janvier, tu te rattrapes en février.

GARS RETROUVANT LE SOURIRE

Yé, nave !

sa le gars qui aime les animaux

spot : marché aux puces à la mairie de Punaauia, Tahiti

BÉNÉVOLE D'UNE ASSOCIATION ANIMALIÈRE

Excusez-moi, vous aimez les animaux ?

mā'ohitude

TA'ATA TAHITI
C'est clair. C'est délicieux, surtout le chien.

BÉNÉVOLE D'UNE ASSOCIATION ANIMALIÈRE
Assassin !

sa le demi qui choque sa matère

spot : devant cinéma Liberty, Papeete, Tahiti

JEUNE DEMI ,AU VINI
Non, je t'ai déjà dit. Je suis athée, je veux pas aller à
l'église avec toi....

...

Et ben, je sais pas quoi te dire, maman, c'est trop tard
pour avorter maintenant. Peut-être que t'aurais dû
mettre une capote.

sa la femme qui est déjà arrivée

spot : gare des trucks, mairie de Papeete

FEMME POPA'Ā, AU CHAUFFEUR DU TRUCK
Vous allez à la mairie de Papeete ?

CHAUFFEUR DU TRUCK, EN RIGOLANT
Non ia...
[éclats de rire dans le reste du truck]

sa la petite fille et le maillot de bain

spot : plage du PK 18, Punaauia, Tahiti

PETITE FILLE, POINTANT LE MAILLOT DE BAIN
CLASSIQUE (SPEEDO) D'UN HOMME
Maman, c'est quoi ce truc ?

MÈRE
C'est son maillot de bain, ça remplace le short nylon.

PETITE FILLE
Nan mais... c'est quoi, dedans ?

sa les gars qui maitrisent l'ordi

spot : parking du CFPA, Punaauia, Tahiti

GARS N°1
Ouais, donc, tu vois, Photoshop, c'est mieux pour les
photos, ok ?, et Illustrator c'est mieux pour, par
exemple, illustrer les trucs...
et puis sinon y'a InDesign, alors celui-là, c'est plutôt
pour designer les trucs, tu vois ?

GARS N°2
Wouaw, moi, j'pourrais jamais devenir graphiste. N'a
trop de logiciels aussi...

GARS N°3

C'est bon avec moi ! J'utilise Paint tout le temps !

sa la fille qui voit venir les cadeaux

spot : magasin Cash'n'Carry, Faa'a Tahiti

FILLE

Ah ok, donc quand Papa a dit que sa copine passerait la nuit à la maison, c'était mal alors ?

MÈRE

Oui mon bébé.

FILLE

Ah... ça veut dire que j'ai droit à deux Noël et deux anniversaires, comme Johanna ?

sa le touriste et le tiki

spot : quai d'honneur du front de mer, face Marie Ah You, Papeete, Tahiti

TOURISTE, REGARDANT UN TIKI EN PIERRE

Alors, c'est comme un genre de fossile, ou c'est quelqu'un qui l'a fait ?

sa le gars qui rentre des carottes

spot : en marchant près du Centre Vaima, Papeete, Tahiti

GARS EN COSTUME N°1
Tu rentres combien de carottes dans ce truc ?

GARS EN COSTUME N°2
Je t'ai dit, trois. Moi aussi j'y croyais pas.

GARS EN COSTUME N°1
Ouah ! et tu l'as fait pour la première fois ce weekend ?
Et ben, vaut mieux que personne n'apprenne ça à la
banque, moi j'te l'dis !

sa la vahine qui veut gérer les courses

spot : Carrefour Punaauia, Tahiti

JEUNE POLYNÉSIENNE, AGITANT UN DVD DE FILM
KUNG-FU DEVANT LE NEZ DE SON JEUNE TĀNE
Heru ! On achète ça, mais pas de mā'a pour bébé ?

sa le mo'otua qui transite à Los Angeles

spot : transit aéroport de LAX, Los Angeles, USA

PAPI
Bé, enlève mai tes chaussures et mets les sur le tapis
roulant.

MO'OTUA D'ENVIRON 6-7 ANS
à moi ?

PAPI
Oui... Ha'aviti bé, tout le monde doit enlever ses
chaussures.

MO'OTUA D'ENVIRON 6-7 ANS
Ah bon ? Même à moi ?

PAPI
Eh oui, même à toi.

MO'OTUA D'ENVIRON 6-7 ANS
Diae! C'est quoi alors cet aéroport ?

sa le brad carrément effet

spot : parking du supermarché Cash Api, Paea, Tahiti

TAURE'ARE'A N°1, REGARDANT LE HAUT D'UN ARBRE
Tītoi ... Chui carrément effet là.

TAURE'ARE'A N°2
On a seulement fumé, genre, cinq paipu aujourd'hui.

CLIENT POPA'Ā, LES VOYANT EN SORTANT DU MAGASIN
Hé les brads, mais on est toujours le matin là.

TAURE'ARE'A N°1 ET 2
Dyééééé !

sa la fille qui interprète ses rêves

spot : parc Bougainville, Papeete, Tahiti

FILLE, AU VINI
Et comme ça, je me suis demandé seulement, pourquoi
je fais des rêves où je casse avec lui ? Pourquoi je peux
pas seulement faire des rêves comme avant, ... du
style.... quand je baise avec Tapuarii Laughlin ?

sa la vahine Rurutu qui doit faire gaffe

spot : quai de la goélette Tuha'a pae II à Motu Uta, Papeete, Tahiti

VAHINE RURUTU N°1

Donc, avant de venir à Tahiti, ma matère, elle m'a dit : *"fais attention avec les farāni ! Eux, ils pensent que les filles des Australes aiment seulement cuisiner et coucher."*

VAHINE RURUTU N°2

Oh là là, t'es sérieuse ? Ils pensent ça ?

C'est bizarre aussi !

VAHINE RURUTU N°1

A l'aise !

VAHINE RURUTU N°2

Mais moi, j'aime vraiment bien faire la cuisine.... et coucher.

VAHINE RURUTU N°1

Je sais.... Moi aussi.

sa la fesse qui veut le escrime vanille

spot : plage de la Pointe Vénus, Mahina, Tahiti

FRANÇAIS
T'es vraiment hot dans ce bikini, tu sais ?

TAHITIENNE N°1
Écoute, j'ai pas trop l'humeur à draguer aujourd'hui...
alors pourquoi tu m'achètes pas un escrime à la vanille,
et je ferai semblant de bien t'aimer, et puis après,
chacun sa route, ok ?

FRANÇAIS, EN S'ÉLOIGNANT VERS LE PARKING
Salope

TAHITIENNE N°2, S'APPROCHANT
Hey, c'était pas ton petit copain ?

TAHITIENNE N°1
Ouais, c'est lui... Je suis fiu qui fasse son 'eure' tout le
temps...

*[5 minutes après ... le Français revient...
...avec un ice-cream à la vanille]*

sa le gars qui flip d'aller en Amérique

spot : quartier Te Maru Ata, Punaauia, Tahiti

JEUNE QUI REGARDE UN DVD DU FILM
"MASSACRE À LA TRONÇONNEUSE"

Tu vois, c'est pour ça que je vais pas partir en Amérique. On voit jamais de malades comme ça à Tahiti.... bon ok, sauf à la servitude Lucky, ça à Papara.

sa le ta'ata qui raconte le film shoot

spot : un chantier à Paea, Tahiti

TRAVAILLEUR

Alors tu vois, ils ont parié sur celui qui lui boufferait le mieux la chatte. Et puis.. ben ils sont monté sur la scène, et c'était chacun son tour à genoux quoi.

sa le gars aux toilettes de Vaiete

spot : toilettes publiques de la place Vaiete à Papeete, Tahiti

GARS

Tītoi ! Le papier cul est vraiment merdique ici !

sa le touriste qui veut prendre le bus

spot : bord de route à la Marina Taina, Punaauia, Tahiti

TOURISTE, AU CHAUFFEUR DU BUS QU'IL VIENT
D'ARRÊTER

Comment ? Y'a pas de taxi, et vous voulez pas nous faire
de place ?

CHAUFFEUR DU BUS

Le taxi, c'est à l'hôtel qui fallait le commander,
maintenant c'est trop tard.

TOURISTE

Vous êtes le premier Tahitien mal poli que je
rencontre !

CHAUFFEUR DU BUS

E hoa erā ! c'est ça ho'i de quitter sa chambre d'hôtel !

sa l'étudiant qui fait son vrai rapport de stage

spot : campus de l'ISEPP, Papeete, Tahiti

ETUDIANT

Bof... quand je faisais mon stage, tout ce qu'on faisait
c'est télécharger des trucs de cul. Pas moi seulement...
tout le monde dans la boite quoi.

sa le petit brad qui test un nouveau jus

spot : dehors Cash'n'Carry, Faa'a, Tahiti

PETIT BRAD, TESTANT UNE CANETTE DE DR. PEPPER
C'est pas bon, j'aime pas ia !

PAPA
Si t'aime pas le goût, tu recrache seulement.

MAMAN
J'ai déjà entendu ça quelque part...

sa la mama qui a le vrai secret pour maigrir

spot : quai des ferries, Vaiere, Moorea

MAMA UN PEU GROSSE
J'essaye de maigrir, mais c'est vraiment dure paì !

MAMA BIEN PLUS GROSSE
Il faut carrément arrêter le sucre.
Moi, c'est ça que je fais.

sa le popa'ā fâché avec le fāfaru

spot : quartier du commerce, Papeete, Tahiti

POPA'Ā N°1
Où est-ce que tu veux aller manger ?

POPA'Ā N°2
Je m'en fous ! Du moment qu'ils ne servent pas de fāfaru, je mangerais n'importe quoi.

sa la fille pas que salope

spot : Lycée Aorai, Pirae, Tahiti

TAURE'ARE'A N°1
Tītoi ! T'aime bien à elle ? C'est une salope hoa !

TAURE'ARE'A N°2
Man, tu sais pas ? Elle est dans ma classe. Man, elle est carrément intelligente.

TAURE'ARE'A N°1
C'est sa ho'i ! Intelligente ET salope.
Brad, ça veux dire seulement qu'elle chopera pas de M.S.T.

māˈohitude

sa les touristes en baggy

spot : plage du Mahana Park, Paea, Tahiti

TOURISTE EN PANTALON BAGGY N°1
Moi, j'enlève pas mes chaussures à la plage.

TOURISTE EN PANTALON BAGGY N°2
Mais comment tu vas marcher dans l'eau ?

TOURISTE EN PANTALON BAGGY N°1
Ben je vais les garder. Pourquoi ? Y'a une loi qui dit qu'il
faut être pieds nus dans le lagon ?

TOURISTE EN PANTALON BAGGY N°2
Non, mais y'a une loi qui dit que si tu fais ça, tu vas avoir
l'air d'un imbécile !

sa le Tahitien
qui va pas à Moorea comme sa

spot : terrasse du café des Négociants, Papeete, Tahiti

GARS
'Aita cousin ! Pas question d'aller à Moorea sobre !

sa le tūpāpa'u éducateur

spot : Tamanu, Punaauia, Tahiti

LE PAPA, À SON FILS QUI ESSAIE DE GRIMPER SUR UN
MUR EN PIERRE EN BORD DE ROUTE
Descend de là ! Faut pas grimper là !

LE FILS
Pourquoi alors ?

LE PAPA
C'est le marae... on va jouer de toi !

sa le jeune garçon et son jouet cassé

spot : une garderie de Faa'a, Tahiti

JEUNE GARÇON EN PLEURS
Tatie, tu peux réparer mon jouet ?

LA "TATIE" DE LA GARDERIE
Désolé mon grand, j'ai pas les outils qu'il faut.
C'est pas grave, tu verras avec ton père ce soir.

JEUNE GARÇON EN PLEURS
J'ai pas mon papaaaaaa ! Il est à Nuutaniaaaaaaa !

sa le djeune et le lapin magique

spot : plage de Taharu'u, Papara, Tahiti

DJEUNE #1
J'te jure brad,
c'est comme s'il avait tiré un lapin de son tiho.

DJEUNE #2
Haha ! Tu veux dire un lapin de son chapeau.

DJEUNE #1
On s'en fou d'où il sort le lapin ! C'était trop cool gin !

sa la fille parti habiter à Maiao

*spot : salle d'embarquement Air Tahiti, aéroport de
Tahiti Faa'a*

TAHITIENNE, AU VINI
Quoi, elle est partie habiter à Maiao ?
...
Mais les gens ne vont pas à Maiao.....
Les gens viennent de Maiao !

sa le popa'ā au volant qui s'laisse pas faire

spot : magasin Marie, Paea, Tahiti

POPA'Ā, AU VINI

Putain, hier soir en rentrant du boulot, dans la circulation, y'a 2 brads dans une Isuzu qui ont forcé leur rabattement, juste devant moi, au pont de la Punaruu, ils ont failli toucher ma voiture.....

Plus tard, je les redouble un peu de force, après Tamanu, et ils me suivent, comme si c'était ma faute.

Au ralentissement suivant, le passager sors sa tête et me gueule de derrière :

"Brad, on va te suivre jusqu'à la maison!".

Je me suis retourné et je lui ai crié :

"Suis-moi jusqu'à chez ta mère !"

Putain, tu m'as jamais vu conduire aussi vite et doubler à fond comme ça, pour essayer de leur échapper.......
Mais bon, j'ai bien aimé la tête qu'ils ont fait quand j'ai répondu.

sa le dernier homme sur Terre

spot : place de la cathédrale, Papeete, Tahiti

TA'ATA TAHITI

Si j'étais le dernier homme sur Terre, je crois que j'mourrais d'épuisement, à force de trop baiser !

mā'ohitude

POPA'Ā

Ben moi, si j'étais le dernier homme sur Terre, je crois
que je mourrais du SIDA, à force de trop baiser.

VAHINE

Quoi ? Si t'étais le dernier homme sur Terre, man...
joe.... on serait toutes lesbiennes !

sa les p'tits brads à la mer

spot : côté mer, mairie de Paea, Tahiti

P'TIT BRAD N°1

C'est à mon tour, donnes paì le boogie. Maman elle a
dit il faut partager !

P'TIT BRAD N°2

Ah ouais ? Et ben dommage, parce que je veux pas
échanger avec la pirogue !

P'TIT BRAD N°1

Ah ouais ? Et ben dommage, parce que j'ai pipi dans ta
pirogue !

sa le mormon privé de sexe

spot : mariage à l'hôtel Radisson, Arue, Tahiti

FILLE
Ok, donc comme tu es mormon, ça veut dire pas de
sexe avant le mariage, c'est ça ?

MORMON
En gros, c'est ça.

FILLE
Ok ia, ça m'a fait plaisir de te rencontrer.

COPAIN DU MORMON
Attend ! Reviens !

sa le raerae et le porno foireux

spot : rue des écoles, Papeete, Tahiti

RAERAE, AU VINI
L'autre jour, j'ai vu le plus foireux des films pornos. Le
gars, il a enlevé sa botte, il a po'ara l'autre gars avec, en
pleine gueule tu vois, et puis il a joui tafait sur la table,
et il a fait tout lécher à l'autre gars.... ben bizarrement,
ça m'a carrément excité. Bref, si jamais tu veux me
pō'ara avec ta savate, appelles-moi.

sa le touriste qui compare Tahiti et Haïti

spot : place Vaiete, Papeete, Tahiti

TOURISTE AMÉRICAIN, À SA FEMME

Tu t'imagines un peu ? Une bière coute 7$ ici !

Pour ce prix là en Haïti, je peux acheter une pute et me faire sucer !

sa les bimbos qui parlent immo

spot : parc Bougainville, Papeete, Tahiti

BIMBO N°1

Je te jure, son appartement a la plus belle vue de toute la ville.

BIMBO N°2

Ah bon ? C'est comment la vue ?

BIMBO N°1

Ben, on peut voir tout le port, et puis le front de mer, et St Amélie aussi. C'est vraiment génial.

BIMBO N°2

Quand est-ce que t'es partie là-bas ?

BIMBO N°1

Ah non, pas encore, c'est elle qui m'a raconté.

sa la femme
qu'arrive pas à se prendre en charge

spot : une servitude de Punaauia, Tahiti

FEMME N°1

Tu sais comment sont les gens qui aiment les animaux ?... Je veux dire, je leur parle quand même tu sais ? J'ai déjà sauvé des oiseaux et tout ça. J'adore les animaux.

FEMME N°2

Et ces rats, tu les as enterrés finalement ?

FEMME N°1

Non, j'arrive pas à me prendre en charge pour le faire.

FEMME N°2

Mais combien ça fait de temps maintenant ? Trois ans ?

FEMME N°1

Ouais. Ils sont toujours dans le congélateur.

FEMME N°2

Ça suffit enfin, mais enterres-les donc !

FEMME N°1

Je t'ai dit, j'arrive pas à me prendre en charge pour le faire ! C'était mes préférés !

mā'ohitude

FEMME N°2

Mais ils sont DANS TON CONGELATEUR ! Pourquoi pas les empailler, à ce moment-là ?

FEMME N°1

Quoi ? Mais nan, je vais passer pour une dingue !

sa le petit Tahitien et le combat des dieux

spot : lagon de Paea, Tahiti

PETIT TAHITIEN, DEBOUT DANS L'EAU DU LAGON

Je te défie, 'O Ta'aroa !

sa la vahine qui peut
rencontrer plein de gens

spot : jardins de Paofai, Papeete, Tahiti

VAHINE AU VINI

Dis à ton tāne de s'occuper de ses affaires, où je vais le taparahi....

...

Je vais encore le taparahi ! J'ai pas besoin de l'amour d'un tāne, j'ai ma mère et Jésus pour m'aimer, toy! Je peux rencontrer plein de gens -- j'ai MSN, Skype, Facebook et je peux tchat, ok ?

sa les deux Teva

spot : snack de la plage Taharu'u, Papara, Tahiti

GARS N°1

Hey, on pourrait aller chez Teva ?

GARS N°2

Quel Teva ? Teva top, ou Teva tiho ?

GARS N°1

Ah... j'oublie toujours lequel est lequel avec toi..

GARS N°2

Hihi !

GARS N°1

Teva top, c'est celui qui paye toujours pour tout... et Teva tiho, celui qui a jamais d'argent et qui vomit tout le temps, c'est ça ?

GARS N°2

Walaaaa !

sa le gars qu'a pas volé

spot : quartier Tiapa, Paea, Tahiti

GARS AU VINI

Non, je l'ai pas volé. Je l'ai pris.

Moi... chui pas un voleur !

sa le gars qui aime les buffets

spot : Tamanu, Punaauia, Tahiti

FILLE AU VINI

Comment ça un buffet ? ...

C'est un enterrement, pas un mariage, bonobo !

Si ta faim, emmène ia ton casse croute.

sa le tāpōnē qui parle pas la langue

spot : Aéroport de Tahiti Faa'a

*[après plusieurs messages pour un passager japonais,
en langue anglaise]*

VAHINE À L'ANNONCE

Si vous avez entendu votre nom, ou quelque chose qui
sonne comme si ça pourrait être votre nom, veuillez
embarquer immédiatement. Votre avion va décoller.

sa le rassemblement impossible paha

spot : te fare tauhiti nui, Papeete, Tahiti

VAHINE

Hey, c'est bon pour mercredi, tu viens au
rassemblement des artistes ?

TĀNE

Ben je voudrais bien mais c'est impossible.

VAHINE

pourquoi ia ?

TĀNE

Ben To'ata, c'est pas heui assez grand pour rassembler
tous les supporters du Heiva! Comme c'est tout le
nūna'a qui soutient le truc sauf fa'aterehau.

VAHINE

Djiaa ! Hot sa 'ē si tout le monde vient tafait !
Méchant aussi la circu !

sa le brad au dreadlocks vendeur ambulant

spot : avenue du Prince Hinoi, Papeete, Tahiti

BRAD AU DREADLOCKS QUI CRIE PAR LA FENÊTRE À LA
VOITURE D'À CÔTÉ, TOUT EN ROULANT À 50KM/H

Hé, brad ! Tu veux pas acheter une chaîne stéréo, mp3,
son surround, c'est complet, pour, mea, pas cher ? C'est
pas hoì volé ou quoi, c'est juré man !

sa le petit pa'umotu et la zoophilie

*spot : une bringue sur les hauteurs de la Mission,
Papeete, Tahiti*

PETIT PA'UMOTU NERVEUX

Maman, c'est quoi la zoophilie ?

MAMAN AGACÉE

Iiiiaaa Mon Dieu ! Je t'ai dit de pas rester seulement
avec tonton Charles, sauf si y'a un autre adulte avec
toi !

PETIT PA'UMOTU NERVEUX

E paì ! On avait ho'i Papa avec moi !

MAMAN AGACÉE

Iiiiiiaaaaa ! Pas bon ça ! On va repartir ho'i dans les îles !

sa la femme autopsiée qui va bien

spot : hall du Centre Hospitalier du Taaone, Pirae, Tahiti

JEUNE FILLE AU VINI

Ils viennent de faire une autopsie à ma mère. ....
quoi ? ... oui, une autopsie ..... mais nan, idiot, elle est
pas morte, imbécile. Une autopsie !

Ouais !

Sur ma mère !

...

C'est pas grave....

...

Ouais une biopsie si tu veux.

Hey, écoute un peu Joe, la prochaine fois que je regarde
Les Experts, il faut que tu la fermes un peu plus et que
tu regardes avec moi. On apprend plein de trucs, man !

sa la vieille touriste que personne ne tāu'a

spot : Quai des paquebots, port de Papeete, Tahiti

VIEILLE TOURISTE AMÉRICAINE N°1

Personne ne nous regarde ici. Personne ne te regarde
dans les yeux.

VIEILLE TOURISTE AMÉRICAINE N°2

On nous regarderait si on était plus belles.

sa le kaina qui veut hau'a bon des kēkē

spot : au contrôle des bagages à main des vols
internationaux, aéroport de Tahiti-Faa'a

AGENT DE SÉCURITÉ DE LA SETIL, TENANT UN
DÉODORANT AXE

Monsieur, vous ne pouvez pas garder ça dans votre
bagage à main, c'est interdit.

PASSAGER AU STYLE KAINA

Diae ! Pourquoi alors ?

AGENT DE SÉCURITÉ

À cause du plan Vigipirate. On est en niveau d'alerte
rouge Monsieur.

PASSAGER AU STYLE KAINA

Mais... depuis quand ?

AGENT, SUR UN TON PLUS LOCAL

Brad... tu vis au secteur ou quoi ?

PASSAGER STYLE KAINA, TOUT FIER

Voilà ! Aratika !

sa le secret minceur des chinoises

spot : buffet du restaurant Captain Bligh, Punaauia, Tahiti

TAHITIENNE

Je vous adore, vous les chinoises. Vous prenez pas du poids comme nous, les tahitiennes. Ça doit être une racine secrète chinoise que vous mangez.

JEUNE DEMI CHINOISE

[fait les gros yeux]

TAHITIENNE

Vous autres, vous pouvez manger tout le mā'a frit et les sauces, et ben vous resterez maigre. J'adore la cuisine chinoise, mais ça me fait grosse. Pourquoi ça vous fait pas grossir à vous Tinitō ? C'est un secret chinois, dis-le moi steplait !

JEUNE DEMI CHINOISE

En fait, je viens de descendants japonais, et ma famille vit à Tahiti depuis les années 1960.

TAHITIENNE

ouais... mais t'es quand même maigre.

sa le gars qui doit un service à son collègue

spot : bar de l'aéroport Tahiti-Faa'a

GARS #1

Oh ça va hein ? C'est pas comme si t'avais fait quelque chose pour moi ....

GARS #2

Attend j'ai emmené du paka.... J'ai emmené du paka pour TOI, à MES fiançailles !

sa la fille aux cheveux bouclés

spot : dans le bus, côte Ouest de Tahiti

FILLE N°1

Hey, joli à toi les cheveux bouclés !

FILLE N°2

'Ē, māuruuru pa'i

FILLE N°1

Joe, net hein... t'as les jolies bouclettes, par ra celles qui savent pas où elles vont !

sa le petit Tahitien qui veut tout

spot : Carrefour Punaauia, Tahiti

TAHITIENNE QUI HURLE À SON FILS DANS LE CADDIE
Māmū ! Tu veux tout seulement !
C'est pas comme ça la vie !

sa on a chopé les américaines en vacances

spot : pont supérieur de l'Aremiti Ferry, entre Tahiti et Moorea

JEUNE AMÉRICAINE N°1
[en anglais] Est-ce que ton petit ami se rase les couilles ?

JEUNE AMÉRICAINE N°2
[en anglais] Je savais pas que les mecs faisaient ça...

TOURISTE AUSTRALIEN, ASSIS PAS LOIN
[en anglais] C'est donc de ça que parle les jeunes filles américaines, pendant leur vacances à l'étranger ?

sa la fille qui doit horo

spot : stade Willy Bambridge, Papeete, Tahiti

MAMAN QUI COURT, À SA FILLE

Ha'aviti ! Cours ! Horo comme si les mūto'i te poursuivaient !

sa le popa'ā et la fesse de Fautaua

spot : quartier Fautaua Val, Pirae, Tahiti

POPA'Ā EN TENUE BUREAU

Écoute, fesse, j'ai pas envie d'embrouille avec toi.

FILLE DU QUARTIER

Joe ! J'y crois pas que tu m'a appelé fesse! C'est mal poli.

POPA'Ā EN TENUE BUREAU

Oh, ça va. Fait pas ta coincée. A Tahiti, fesse, c'est bien un synonyme de meuf, de fille ? Si j'avais voulu être mal poli, je t'aurai appelé conasse. Alors reste cool, tu veux ?

FILLE DU QUARTIER

Heru un peu les collègues du quartier. Ils vont t'apprendre hoa ia ! *[siffle en direction des bâtiments, pendant que le popa'ā remonte en vitesse dans sa voiture]*

sa les touristes et le Tahitien endormi

spot : dans le bus de Moorea

TOURISTE FEMME
Eh, regarde, ce tahitien s'est endormi. On devrait le
réveiller.

TOURISTE HOMME
Pourquoi tu voudrais le réveiller ?

TOURISTE FEMME
Et bien... et si il rate son arrêt ?

sa la bimbo farāni qui doit acheter
un nouveau vini

spot : plage du PK 18 à Punaauia, Tahiti

BIMBO FARĀNI
Ouais, il faut que j'achète un nouveau vini. J'ai cassé le
mien.

VAHINE
Comment ça a cassé ?

BIMBO FARĀNI
Je l'ai fait tomber à la plage hier.

VAHINE

C'est comme ça ça a cassé, en tombant seulement ?

BIMBO FARĀNI

Non, ça allait, mais y'avait du sable partout dessus.
J'étais dégoûtée et je suis bêtement allée le nettoyer en
le rinçant sous le robinet là-bas.

sa le p'tit brad et sa première leçon de vie

spot : marché aux puces, mairie de Punaauia, Tahiti

VENDEUR, À UN PETIT GARÇON

Hé, p'tit brad ! Tu veux que ta première leçon de vie, ce
soit moi en train de te botter le cul ? Remets-ça là tout
de suite, ha'aviti !

sa la futur gogo danseuse

spot : plage du PK 18, Punaauia, Tahiti

**FILLETTE DE 6 ANS, QUI SE TIENT À UN POTEAU, LA TÊTE
PENCHÉE EN ARRIÈRE**

J'ai fais ça une fois, ça a paìna ma tête et ils m'ont mis
une autre, mais 'āpī.

SON JEUNE FRÈRE

Ça t'a fait idiote. Je veux l'escrime !

sa la fille dégoutée après la boum

spot : lycée de Papara, Tahiti

FILLE N°1

Chui dégoutée. Je me suis fait agressé par un marquisien à la boum samedi.

FILLE N°2

Quoi ?

FILLE N°1

Ouais, on a passé la nuit là-bas, et quand je me suis réveillée, tout le monde était en train de se bagarrer parce qu'il m'a touché les seins. Y'a pas, genre, une loi qui dit qu'on peut pas faire des attouchements à quelqu'un quand elle dort ?

FILLE N°2

En fait, y'a une loi qui dit qu'on peut pas faire d'attouchement à quelqu'un, point barre.

sa le stoneur qui mate les nuages

spot : Mahana Park, Punaauia, Tahiti

STONEUR N°1

Joe, mate un peu le nuage, là, au dessus de la montagne, on dirait le chiffre six ! Brad, c'est trop fort !

māʻohitude

STONEUR N°2

Pourquoi c'est trop fort ?

STONEUR N°1

Man, c'était le chiffre de Bobby Holcomb. C'est comme
pa'i s'il me parlait !

sa la copine diététicienne du Mac Do

*spot : file d'attente du restaurant Mac Donald's de
Papeete, Tahiti*

FILLE N°1

Donc, si je prend le Big Mac, avec le Coca Light, ça fait
rien, pas vrai ?

FILLE N°2

Voilà... parce que y'a pas de calories dans le Coca Light,
alors c'est juste comme si tu mangeais un burger avec
sans rien à boire.

FILLE N°1

Donc ça va pas me faire grossir ?

FILLE N°2

Ben nan, carrément pas copine.

sa le truc qui fait gay

spot : sortie du Piano Bar, Papeete, Tahiti

GARS N°1

Brad. Eh, pas toi me tenir la main, aich... ça fait gay.

GARS N°2

Ok alors, je peux te sucer la queue, mais pas te tenir la main, c'est ça ? iiiiaaa!!

Sa la femme de ménage fiu du monde

spot : à la fermeture du soir, à l'Hyper Champion de Taravao, Tahiti

LA FEMME DE MÉNAGE

iiaaa! C'est mieux quand n'a pas de monde pour nettoyer le sol...

LA CAISSIÈRE

Oui c'est vrai, comme ça à la caisse aussi on a moins de travail et on peux discuter, tu vois ?

LA FEMME DE MÉNAGE

Ça 'ē, pas comme le vendredi, c'est full !!

sa la blonde farāni paniquée dans l'avion

spot : classe économique d'un vol Air Tahiti Nui ,
de Paris à Papeete

CHEF DE CABINE
Mesdames et Messieurs, nous allons bientôt commencer notre descente sur l'aéroport de Tahiti-Faa'a...

BLONDE FARĀNI PANIQUÉE
Faa'a ? Oh mon Dieu ! Je croyais aller sur Papeete !

JEUNE TAHITIEN ASSIS PAS LOIN
Faa'a, c'est là où est l'aéroport de Tahiti, idiote !

BLONDE FARĀNI
Ah... ben... et comment veux-tu que je le sache ? Sur le billet, il a écrit PPT.

JEUNE TAHITIEN ASSIS PAS LOIN
'Auē...

sa le brad qui sait pas trop patapata l'ordi

spot : quartier Vaiaha, Faa'a, Tahiti

BRAD N°1
Alors, c'est bon avec l'ordi ? T'arrives à patapata ?

BRAD N°2
Mon gars, utiliser l'ordi, c'est comme envoyer ton gosse de 4 ans au magasin : faut lui dire exactement ce que tu veux, sinon Joe, tu te retrouves avec le placard plein de Twistie et de Tim-Tam.

sa les 2 Rurutu et les 2 blondes
en boite de nuit

spot : discothèque le Paradise Night, Papeete, Tahiti

LE RURUTU N°1 SOURIANT, À SA BLONDE
'iore, t'es belle hein?

LA BLONDE, SOURIANTE
Ahhh... merci !

LE RURUTU N°2 TA'ERO, À SA BLONDE
Chérie, j'aime pas ton hōho'a mais t'es bonne.

mā'ohitude

LA BLONDE, À SA COPINE
T'as entendu le Tahitien? il a dit '*chérie j'aime bien hoa toi t'es blonde*'

sa le gars qui recrute pas si tu connais pas Esther

spot : happy hour au bar du Beachcomber Intercontinental, Faa'a, Tahiti

GARS
Ben, je faisais passer un entretien boulot ce matin, et il se trouvait que le gars savait pas qui c'était Esther...

FILLE
La chanteuse ? et alors ?

GARS
Alors évidemment, je l'ai dégagé.

FILLE
Aich... mais un tas de gens savent pas qui c'est. Pourquoi tu l'as dégage pour ça seulement ?

GARS
Mais copine, je tiens un magasin de disques, près du marché.

sa la fille vraiment salope

spot : lycée de Papara, Tahiti

FILLE N°1
Oh purée... t'es vraiment une salope, hein ?

FILLE N°2
Eh... Joe, man, steplait hein ? J'ai genre 120 contacts sur mon Facebook, alors que toi t'en a que 20.

FILLE N°1
Ah ouais ? Ben moi au moins, j'ai pas couché avec mes 120 contacts.

sa le fa'a'amu qui psychotte

spot : quartier Titioro, Tahiti

POPA'Ā
Haha! C'est vrai que vous vous ressemblez. Vous êtes peut-être des jumeaux qu'on a séparé à la naissance.

LOCAL
Eure! On m'a fa'a'amu !
Je vis dans la peur permanente de baiser accidentellement un fēti'i !
C'est pas ia drôle !

sa le gars qui loue sa baraque
pour un tournage hot

spot : quai de Orohiti, Punaauia, Tahiti

FILLE

Alors, tu pars là-bas à quelle heure ?

GARS

Une heure ou deux peut-être.... en ce moment, ils
tournent un porno à la baraque.... ils doivent être en
train de finir.

FILLE

Ha ha ha ha

GARS

Ben quoi ?

FILLE

Ils tournent un porno ?

GARS

Ouais. C'est le troisième qu'ils font. Ils nous payent
15.000 la journée, et ils tournent des scènes dans notre
cuisine.

FILLE

Vraiment ?

GARS

Ben oui, tu pensais que c'était une blague ?

FILLE

A l'aisse.... mais..... t'as pas peur qu'ils salissent le sol ?

sa le gars et la réincarnation

spot : le spa du Radisson Plaza Resort, Arue, Tahiti

GARS

Je ne sais pas si tu crois en la réincarnation ou quoi, mais j'ai le sentiment que ma mère et moi, il y a plein de trucs sur lesquels on doit travailler. Peut-être que dans ma prochaine vie, elle sera seulement mon chat ou quoi.

FILLE

et comment tu l'appellerais ?

GARS, SURPRIS DE LA QUESTION

... Minou...

sa les popa'ā et le trip plage

spot : plage de Ha'apiti, Moorea

POPA'Ā TĀNE

Ce trip plage, c'est vraiment excellent !

POPA'Ā VAHINE

Pfff ! On a été là toute la semaine, et t'es même pas descendu jusqu'au bord de l'eau pour te baigner, pas une seule fois !

POPA'Ā TĀNE

Ouais, c'est vrai, mais c'est cool de rester tranquille, boire et se défoncer.

POPA'Ā VAHINE

Pffff ! Tu fais ça à la maison toute l'année, en France....

POPA'Ā TANE

Mais là, je vois la mer. A la maison, tout c'que j'vois, c'est le parking.

sa le patron et le demi

spot : une terrasse de café au quartier du commerce, Papeete, Tahiti

PATRON, AU VINI

Ouais mais j'ai vraiment du mal avec ce gars-là......
Qu'est ce que tu veux.... c'est comme ça. A Tahiti, il est
plus facile de commander une bière qu'un demi !
Mouahahahaaa !!

sa le taure'are'a qui a mal aux yeux

spot : plage de Lafayette, Arue, Tahiti

TAURE'ARE'A N°1

J'ai mal aux yeux.

TAURE'ARE'A N°2

Ça, à cause du sel ?

TAURE'ARE'A N°1

'Aita. Je suis pas sorti pendant deux jours. Ils sont trop
habitués à la lumière du jeu vidéo seulement.

sa le gars qui jure de l'avoir dit avant

spot : supermarché Marina, Punaauia, Tahiti

GARS, AU VINI
J'te jure que j'te l'ai dit avant....
Je t'ai dit que j'étais marié.

sa la popa'ā et son pitbull

spot : sortie de l'école Papehue, Paea, Tahiti

POPA'Ā HOMME
Alors, tu as pris un chien ?

POPA'Ā FEMME
J'ai pris un pitbull, un american staff. La vache, les
Tahitiens adorent ça. Ils viennent vers moi et il me font
"Dyeah! C'est pas un Am'staff ?". C'est pour ça que j'ai
pris ce chien...

sa le djeune qui veut pas trop boire

spot : boum de quartier, Paea, Tahiti

DJEUNE, À SON COLLÈGUE
Man, j'vais pas aussi trop boire. Je veux paì de cette
fesse ce soir.

sa les filles et le shopping chaussures

spot : sortie du cinéma Concorde, Papeete, Tahiti

Fille n°1

Ça te dit un petit shopping chaussures ?

Fille n°2

Il pleut dehors...

Fille n°1

Eh alors ? Il pleut pas dedans.

Fille n°2

Ouais, mais comment on va marcher dans nos chaussures neuves si c'est pour qu'elles soient mouillées et pleines de boue ?

Fille n°1

En les laissant dans leur boite ?

Fille n°2

Des chaussures 'āpī ?

Dans leur boite ?

Nan mais t'es qui toi, Hitler ?

sa la popa'ā pas si As en grammaire

spot : centre Vaima, Papeete, Tahiti

DEMI
Bon, je vais au coiffeur.

SA COLLÈGUE POPA'Ā
On dit : "je vais CHEZ le coiffeur" !
Comme on dit je vais chez le médecin. Alors que je vais
AU marché.

DEMI
Ah ok.
Question piège : je vais AUX putes,
ou je vais CHEZ les putes ?

SA COLLÈGUE POPA'Ā
...

sa le gars qu'a soif de justice

spot : bord de route, Paea, Tahiti

COLLÉGIEN
Joe, un jour, moi mon rêve, ça serait de poursuivre
quelqu'un en justice.
Et trop... gagner le pactole, tu vois ?

sa qui a toujours un truc
qui cloche chez les mecs

spot : plage du PK 18, Punaauia, Tahiti

PRÉ-ADOLESCENTE POPA'Ā, À SA COPINE TAHITIENNE
Les mignons sont pas sympa, les sympa sont pas
mignons, et les mignons et sympa sont gay.

JEUNE ADO POPA'Ā ASSIS PAS LOIN #1
pfff, ces gamines alors...

JEUNE ADO TAHITIEN ASSIS PAS LOIN #2
Ça 'ē... trop vieille pour jouer à la poupée, trop jeune
pour jouer au tāne !

sa le SDF qu'a appris la leçon

spot : place de la cathédrale, Papeete, Tahiti

SDF, À UN GROUPE DE JEUNES
Hoa here mā , les amis, j'ai gaspillé tout mes sous dans
l'alcool et le paka, et les drogues aussi... Mais
maintenant, j'ai appris la leçon. Je veux dépenser tout
TES sous dans l'alcool et le paka... et les drogues.

sa la fille et le sable dans la bouche

spot : plage du PK 18, Punaauia, Tahiti

FILLE N°1

Moi, le sable dans le maillot, ou dans les fesses, ça me dérange pas, mais j'veux pas de sable dans la bouche !

FILLE N°2

Carrément ?

FILLE N°1

À l'aissss

FILLE N°2

C'est normal ho'i. Moi aussi, n'a plein de trucs que je préfère dans mes fesses que dans ma bouche.

sa le touriste qui rassure sa matère

spot : quartier Tavararo, Faa'a, Tahiti

TOURISTE À LA CABINE TÉLÉPHONIQUE

Maman, bon Dieu, du calme.

Je suis à Faa'a, pas à Bagdad !

sa les manifestants, les politiques et la cuisine

spot : place Taraho'i, Papeete, Tahiti

MANIFESTANT N°1
Ce sont des 'ūmara !

MANIFESTANT N°2
En quel genre de 'ūmara tu les vois ?

MANIFESTANT N°1
Des chips de 'ūmara ! Ça bien hinu et qui rend bien gros !

sa la fille la plus moche

spot : Jardins de Pa'ofa'i, Papeete, Tahiti

FILLE
Ok, la fille là-bas, c'est la plus moche que j'ai jamais vue.

GARS
Tsss. T'es trop méchante. [le gars regarde] ièèèèè !

FILLE
j't'avais dit ho'i !

sa le popa'ā et le poulet blanc

spot : un bureau à Papeete, Tahiti

POPA'Ā, AU VINI

Yo, c'est moi, je vais sortir aller me chercher un poulet blanc riz. Mais ouais gars, c'est comme ça que ça se passe ! Ok à plus.

COLLÈGUE DE BUREAU TAHITIEN

C'est quoi ça, bordel, un poulet blanc riz ? Pourquoi pas un poulet fāfā, ou un poulet salade russe ?

POPA'Ā

Mais parce que, j've pas d'un poulet qui s'la joue trop stylé, tu vois ? Je veux un poulet pas bronzé, qui s'assoit, et qui ferme sa gueule !

COLLÈGUE DE BUREAU TAHITIEN

Oti, dégage de mon bureau !

sa le gars en costume qu'a des contacts

spot : l'Oasis du Vaima, PK 0 à Papeete, Tahiti

GARS EN COSTUME N°1, À GARS EN COSTUME N°2

Oh bien sûr que j'ai des contacts.

Je peux te trouver de la tortue, y'a pas de problème.

sa le gars et le truc délire pour Madame

spot : un bureau à Papeete, Tahiti

GARS

Madame et moi, on part à Moorea ce weekend. Tu crois que tu peux nous trouver... euh.... un petit truc délire à s'envoyer ?

FILLE

Attend t'es sérieux ? Je pense pas avoir un truc qui te plaise. Et puis comment tu sais ce que veux ta femme ?

GARS

De quoi ? Mais ma femme, elle veut du bonbon à fumer, et puis c'est tout !

FILLE

Ah purée, okéééé ! Je croyais que tu parlais de sex toys !

GARS

Attends mais pourquoi je demanderai à emprunter les sex toys de quelqu'un d'autre ?

FILLE

Ben... je... euh...

GARS, AVEC UN SOURIRE MALICIEUX

Alors comme ça, t'a des sex toys ? Quel genre ?

mā'ohitude

FILLE
Oh la ferme !

sa la touriste américaine
et la théorie du poisson cru

spot : motu Martin, Mahina, Tahiti

TOURISTE AMÉRICAINE N°1
[traduit de l'anglais]
Manger du poisson cru rend super fertile.

TOURISTE AMÉRICAINE N°2
Vraiment ?

TOURISTE AMÉRICAINE N°1
Ouais !
C'est pour ça que les Tahitiennes ont autant d'enfants !

sa le clochard et son analyse économique

spot : près du marché de Papeete, Tahiti

SDF PARTI DANS SON DÉLIRE TA'ERO
Et vous les jeunes, vous pouvez vous torcher le cul avec
vos diplômes, j'vois pas à quoi d'autres ça pourrait
servir.

sa le gars la veille de la Journée Sans Alcool

spot : supermarché LS Proxy, Paea, Tahiti

TA'ERO 'AVA, ACHETANT UNE CAISSE DE BIÈRE HINANO
AU MAGASIN AVANT LA FERMETURE
Demain, vous donnez la bière avant 10h ?

CAISSIÈRE
Ben... demain, on vend toute la journée, c'est samedi...

TA'ERO 'AVA
Mais comme c'est la Journée Sans Alcool, on peut
quand même acheter ?

CAISSIÈRE, L'AIR INQUIÈTE
Ben oui, c'est pas obligatoire..... enfin ça serait bien
aussi d'arrêter ce jour là...

TA'ERO 'AVA, TOUT CONTENT
Aaaaahhh... c'est pas obligé... ah, ben c'est une bonne
nouvelle alors, māuruuru !

sa la lycéenne qui peut changer le monde

spot : lycée Aorai de Pirae, Tahiti

LYCÉENNE
Je pourrais changer le monde.... si seulement j'ouvrais
mon manuel de Physique.

sa le gars quand c'est pau son crédit

spot : entre deux bars de Papeete, Tahiti

MARQUISIEN COSTAUD

Alors je lui ai demandé... elle m'a filé son numéro, alors j'ai appelé.... et puis ça a coupé, comme c'était pau mes crédits. Alors je suis retourné à son boulot la semaine d'après, et elle travaillait plus là. Alors je me suis demandé... iièè... elle a fa'aru'e seulement le boulot pour pas me sucer la queue ?

sa la mama tahitienne
qui veut savoir l'heure

spot : arrêt de bus face à l'hôtel Beachcomber
Intercontinental de Faa'a, Tahiti

MAMA, À DES TOURISTES ATTENDANT LE BUS

Do you know what time it is ?

TOURISTE JAPONAISE, EN COURBANT LE DOS

Yes, yes. Thank you.

MAMA

e paì, tu vas pas donner ?

sa la photo et les titis de la matère

spot : plage Lafayette, Arue, Tahiti

FILLE ADO

Papa! Ha'aviti paì la photo ! Y'a Maman qui me presse
ses titis dans le dos !

MAMAN

Hey! Tu les as tété ces titis, tu sais ça ?

FILLE ADO

Et ben apparemment, j'ai arrêté pour une raison.

PAPA

Ouais. Parce que t'étais trop fatigué de lutter contre
moi pour les avoir.

FILLE ADO

Papa !

sa l'étudiant popa'ā, les tinitō, et les hamsters

spot : campus de l'université de Polynésie française, Punaauia, Tahiti

ÉTUDIANT POPA'Ā

Putain, mais pourquoi tu sors avec Kevin ?

ÉTUDIANTE DEMI

Parce qu'il est doux et gentil, pas comme toi.

ÉTUDIANT POPA'Ā

Mais c'est un tinitō.

ÉTUDIANTE DEMI

Et alors ? T'es raciste ou quoi ?

ÉTUDIANT POPA'Ā

Naaann... mais les tinitō, ils ont des petits cocoro de hamsters. Je sais qu'il doit pas assurer autant que ça.

ÉTUDIANTE DEMI

Oh le jaloux ! Dommage y'a pas de cours de technique de drague à l'unif, pasque là t'a zéro.

sa la vahine qui a mal aux tétons

spot : plage du PK 18, Punaauia, Tahiti

VAHINE N°1

iiiaaa ! J'ai mal aux tétons ! Je crois qu'ils ont pris un
coup de soleil.

VAHINE N°2

Tu crois que c'est possible au moins ?

VAHINE N°1

Ben j'vois pas ce qui explique la douleur, alors...
[montre son téton]

VAHINE N°2, EXAMINANT LE TÉTON

C'est ton tāne.... il faut paha qu'il kākati moins fort !

VAHINE N°1

Hey! On n'a pas kākati !

VAHINE N°2

Yé ha'avare ! On voit la marque des dents, 'a na...

VAHINE N°1

Aich... ça é...

sa le touriste pas pro du kayak

spot : pension Mauarii, Parea, Huahine

Papa touriste, à ses fils
Ça vous dit de faire un tour en kayak ?

Un des fils
En kayak ? Déjà que c'est super dur sur la Wii, alors
dans l'eau j'imagine même pas !

sa les popa'ā qui ont tāu'a les filles kaina

spot : collège de Punaauia, Tahiti

GARÇON POPA'Ā
Les filles kaina, elles aiment pas qu'on leur ouvre la
porte, et tout ce genre de galanteries.

FILLE POPA'Ā
Les filles kaina, elles veulent soit te gifler, soit que tu
couches avec elles. Y'a rien entre les deux.

sa les enfants du fenua en France

spot : quartier Titioro, Papeete, Tahiti

TA'ATA TAHITI

Alors, blanc-blanc, c'était bien la France ?

POPA'Ā, STYLE PIQUÉ AU TIARE

A l'aise les gars, mais bon, content aussi d'être revenu quoi.

TA'ATA TAHITI

T'as vu un peu des enfants du fenua là-bas, des ta'ata tahiti ?

POPA'Ā, STYLE PIQUÉ AU TIARE

Ouais, alors tu vas rire : en France, si tu vas à la Fnac, tu vois, c'est un peu comme Odyssey ces magasins là, et ben très souvent, le vigile, c'est un Tahitien. Ou sinon, un Wallisien.

TA'ATA TAHITI

Comment ça alors ?

POPA'Ā, STYLE PIQUÉ AU TIARE

Ben apparemment, les Tahitiens et les Wallisiens se sont fait une spécialité dans la sécurité. C'est pas rare d'en croiser un à l'entrée des grands magasins quoi. J'ai parlé avec quelques uns, comme j'ai tout de suite vu que c'était des Polynésiens....

TA'ATA TAHITI, QUI AROFA AVEC SES COLLÈGUES
Joe, les to'a Pātitifā reprezent ! Trop top, brad !

sa la crème solaire
à mettre presque partout

spot : plage de la Pointe Vénus, Mahina, Tahiti

MAMAN POPA'Ā, QUI TEND UN TUBE DE CRÈME
SOLAIRE À SON FISTON
Chéri, mets bien de l'écran total partout, d'accord ?

COPAIN TAHITIEN DU FISTON
Et moi, je mets aussi la crème ?

MAMAN POPA'Ā, AVEC UN GRAND SOURIRE
T'as pas besoin mon trésor, tu as déjà un indice naturel
de protection 8.

sa le popa'ā qui a fait des folies

spot : St Amélie, Papeete, Tahiti

POPA'Ā
Oh les gars ! j'étais tellement bourré la nuit dernière,
que je me suis fait faire un tatouage temporaire !

sa le couple qu'est là pour sa

spot : une pension de famille de la côte Ouest de Tahiti

PROPRIÉTAIRE D'UNE PENSION DE FAMILLE
Vous avez des enfants ?

FEMME CLIENTE
Oh non, pas encore. C'est pour ça qu'on est là !

PROPRIÉTAIRE, QUI ROUGIT
Ah ! ben.. si on peut aider...

FEMME CLIENTE, TRÈS GÊNÉE
Je voulais dire, on a plus de temps à nous, sans les enfants...

sa le syndrome psychologique des femmes

spot : un grand bureau du centre ville, Papeete, Tahiti

FRANÇAISE, QUI S'ADRESSE À UNE TAHITIENNE
Elle a ce syndrome psychologique, tu sais quand une femme utilises le sexe pour obtenir ce qu'elle veut des hommes... comment on appelle déjà ?

TAHITIEN DU BUREAU D'À CÔTÉ
Une pute.

sa le gâteau qui arrange tout

spot : pâtisserie Hilaire à Mama'o, Papeete, Tahiti

UN DES TROIS TA'ATA TAHITI
Voilà, plein de chocolat. Et vous pouvez aussi écrire
« *désolé pour ton poti* » ?

sa le petit mā'ohi futur guetteur

spot : snack-resto Marie-Claire, Papeari, Tahiti

PETIT GARÇON MĀ'OHI, EN PASSANT DEVANT UNE
TABLE DE GENDARMES
iiii maman ! Voilà les fly !

sa les indications pour aller
au fenua 'aihere

*spot : PK 18 cote Ouest de la presqu'ile, Teahupoo,
Tahiti*

GARS AU VINI
Quand la route se termine, tu tournes à gauche.....
Oui, la route se termine.....

...

Parce que c'est une île, idiot !

sa l'infirmière stressée de la cigarette

spot : centre hospitalier du Taaone, Pirae, Tahiti

INFIRMIÈRE LOCALE, REVENANT DE SA PAUSE
Copine, j'espère que ça te dérange pas, j'ai pris une de tes cigarettes dans ton sac parce que j'étais carrément en manque.

INFIRMIÈRE POPA'Ā
Pas de souci. *[pause]* Attend, c'était pas ma dernière ?

INFIRMIÈRE LOCALE
'Oia... mais c'est pas grave, hein ?

INFIRMIÈRE POPA'Ā, FURIEUSE
Putain ! Mais tu te fous de moi ?

INFIRMIÈRE LOCALE
Mais oui copine, relaxe ! Je blaguais seulement. Il t'en reste encore deux.

INFIRMIÈRE POPA'Ā
Oh purée !
Eh, on plaisante pas avec des trucs comme ça !

INFIRMIÈRE LOCALE, NERVEUSE
Hahaha . Je te mentirais si je te disais que j'ai pas eu peur pour ma vie là.

INFIRMIÈRE POPA'Ā, SÉRIEUSE

Oui ben je te mentirais si je te disais que j'étais pas en train de réfléchir où j'allais cacher ton corps.

sa le popa'ā qui marie la tahitienne

spot : bar du Sofitel Maeva Beach, Punaauia, Tahiti

UN POPA'Ā

Bin voilà, je crois que je vais demander Titaina en mariage, la semaine prochaine.

UN TAHITIEN

Yeah! Alors, où tu vas faire, ton mariage ?

UN POPA'Ā

Attends, est-ce qu'un gars qui va sauter du haut d'un immeuble se soucie où ils vont enterrer son corps ?

sa le ta'ata
qui veut de la place pour dormir

spot : parking du centre Moana Nui, Punaauia, Tahiti

GARS, AU VINI

T'as pris quoi ? Le quoi ? .... alors t'as pris le lit queen size ! Grosse pute, espèce de pute !

sa la fille qui passe seulement la rumeur

spot : collège de Hitia'a, Hitia'a O Te Ra, Tahiti

COLLÉGIENNE N°1
Eh, devines quoi ! Manu c'est fait pépon par Tepoe !

COLLÉGIENNE N°2
Quoi ?

COLLÉGIENNE N°1
Moi non plus, ch'ai pas ce que ça veut dire, mais c'est ça
que tout le monde raconte...

sa le ta'ata de la rue
un peu directeur de casting

spot : près du marché de Papeete, Tahiti

SDF
Eh! Excusez-moi, pardon.... Mademoiselle... Excusez-
moi. Je voulais juste vous dire que vous êtes une fille
magnifique. Vraiment, non, vraiment, vous êtes
magnifique. Vous devriez aller à Hollywood pa'i. Reste
joli mademoiselle, et rappelle-toi, vous serez toujours
jolie.... faut pas seulement grossir.

FEMME POPA'Ā
Merci, c'est le plus beau et sincère compliment qu'on
m'ait jamais fait.

mā'ohitude

sa le popa'ā
qui se mélange les prénoms tahitiens

spot : un grand bureau à Papeete, Tahiti

STAGIAIRE POPA'Ā, FINISSANT DE BOIRE UN CAFÉ
Bonjour, Petea.

TEPEA
À moi, c'est Tepea.

STAGIAIRE POPA'Ā, GÊNÉ
Je sais, c'est ce que j'ai dit. Tepea.

TEPEA
J'ai cru t'as dit Petea.

STAGIAIRE POPA'Ā, TOUT ROUGE
Non, Tepea.

sa le bringueur trop mea

spot : restaurant-bar Royal Kikiriri, Papeete, Tahiti

BRINGUEUR
Je suis trop vieux pour une aventure d'un soir.

BRINGUEUSE
T'es trop marié surtout.

sa les djeunes
qui vont finir par se comprendre

spot : un bord de mer du côté de Paea, Tahiti

TAURE'ARE'A TAHITI, CROISANT UN ADO POPA'Ā
Ma'a stone ?

ADO POPA'Ā
Hein ? euh.. quoi ?

TAURE'ARE'A TAHITI
Frère, ma'a stone ?

ADO POPA'Ā
Man, je comprend pas ce que tu dis. Je parle pas
Tahitien, enfin... la même langue que toi...

TAURE'ARE'A TAHITI
Tu veux fumer un peu la ganja ?

ADO POPA'Ā
Aaaaah Ok ! Ah ouais, carrément, man ! Pourquoi tu l'as
pas dit plus tôt ?

sa la mama et le bus qui vient pas

spot : un arrêt de bus à Tiarei, Tahiti

DJEUNE TAHITIEN
Eh Mama, ça fait longtemps que tu attends le bus ?

VIEILLE MAMA
iiiaaa ! Depuis que j'avais ton age.

DJEUNE TAHITIEN, MORT DE RIRE
Aich ! 'Ua maoro roa !

sa le gosse qui grimpe au cocotier

spot : Mahana Park, Paea, Tahiti

MAMAN
Descend un peu du cocotier avant que tu tombes et que
ta tête éclate comme une pastèque !

GOSSE N°1 EN BAS DU COCOTIER
Pastèque ? Tu vas être une pastèque ! Djièèèè !

GOSSE N°2 SUR LE COCOTIER
Mmmmh ! j'adoooore la pastèque !

sa la femme de la cantine
qui fait de la grammaire

spot : Lycée Aorai de Pirae, Tahiti

FEMME DE LA CANTINE
Alors, t'as été sage ce week-end ?

LYCÉEN
'Aita ia !
Moi et ma copine on s'est carrément défoncé !

FEMME DE LA CANTINE
'Ma copine et moi.'

LYCÉEN
Quoi ?

FEMME DE LA CANTINE
'Ma copine et moi on s'est carrément défoncé.'

LYCÉEN
Djyéé ! T'as une copine aussi ?
Djaa, c'est hot ça madame!

sa le popa'ā qui veut pas attendre le bateau

spot : un magasin de Napuka, Tuamotu.

NAVIGATEUR POPA'Ā

Donc tu me dis que ça va prendre 1 mois pour commander la pièce à Tahiti et la faire venir ici par bateau ?

LOCAL

Voilà

NAVIGATEUR POPA'Ā

Tout ça parce que ton contact ne fait pas de fret avion, mais c'est ridicule !

Et pourquoi on commanderait pas la pièce directement en Amérique par Internet, et on se la ferait livrer directement par la Poste ? Ça prend bien l'avion, la Poste ?

LOCAL

Ben... ouais, on pourrait faire ça.

NAVIGATEUR POPA'Ā

Parfait !

Et combien de temps ça prendrait si on fait ça ?

LOCAL

Ben... environ 1 mois.

sa boire ou conduire on s'est plus pourquoi

spot : bringue entre amis du coté de Arue, Tahiti

GARS N° 1

Les gars, désolé de vous dire ça mais, j'adore conduire dans le effet ta'ero.

GARS N°2

Ben ça c'est tout le monde Joe ! C'est pour ça que c'est interdit, parce que c'est top.

FILLE

Mais nan bande d'idiots ! C'est interdit parce que c'est dangereux !

GARS N°2

Toy ! C'est vrai, elle a raison en plus.

GARS N°1

Tu sais plus !

sa le pire cauchemar de 2 collégiennes

spot : collège de Paea, Tahiti

COLLÉGIENNE POPA'Ā N°1

C'est comme sortir avec une fille.

COLLÉGIENNE POPA'Ā N°2

Pire, c'est comme se réveiller à Tautira entouré de 3 Tahitiens.

sa la soirée qui commence mal

spot : une bringue du côté de Te Maru Ata, sur les hauteurs de Punaauia, Tahiti

JEUNE ADOLESCENTE POPA'Ā

Eh Maman, Papa me dit de te dire de laisser quelques bouteilles pour lui avant, je cite, "que ton gros cul se les accapare toutes".

LA MÈRE

Tu diras à ton père qu'il ferait mieux d'être plus gentil avec moi, ou sinon je vais le quitter pour un Tahitien sexy nommé Moana... à nouveau. Et tu peux me citer !

sa la fesse qu'a pas son dictionnaire

spot : sortie des classes au collège de Punaauia, Tahiti

FARĀNI BOY, À SON COLLÈGUE MĀ'OHI

Elle m'a dit qu'elle avait besoin d'un dictionnaire pour discuter avec moi. J'veux dire, juste parce que au lieu de dire.... ...par exemple... ... ... ben... ... ... enfin tu vois, au lieu de dire un mot court... j'utilise un long mot.

sa la vie paradisiaque du farāni avec des 'si'

spot : hôtel Manava Resort, Punaauia, Tahiti

UN TOURISTE FARĀNI ASSIS AU SOLEIL À BOIRE DES
COCKTAILS, À SA FEMME
Imagine un peu, si on habitait à Tahiti, on pourrait faire
ça tous les jours.

FEMME
Si on avait une baby-sitter.

HOMME
Et si on aimait le soleil.

sa la nuit blanche à cause des Pakumotu

spot : salle du Aremiti 5 au départ de Moorea.

TA'ATA N°1
Tin ! Chui carrément crevé. Ça m'a tenu éveille toute la
nuit, c'est les Pakumotu.

TA'ATA N°2
Quoi ?

TA'ATA N°1
Ouais, on a un groupe de ministres Pakumotu qui sont

restés à la baraque.

TA'ATA N°2, RIGOLANT

Les quoi ?

Nan, t'es sérieux ? Mais qu'est ce qui font chez toi ?

TA'ATA N°1

Parce que ho'i mon tonton est dans ce truc là, te Hau Repūpirita Pakumotu. Il est ministre.

TA'ATA N°2

[mort de rire]

TA'ATA N°1

C'est même pas ia drôle, eure. C'est juste que c'est bizarre. J'avais tous ces ministres Pakumotu en train de comploter dans mon salon pour lutter contre la vie chère.

TA'ATA N°2

Ah ben c'est cool alors.

TA'ATA N°1

Ouais, enfin entre autres quoi.

sa la fille qui veut pas décrocher son vini

spot : jardins de Paofai, Papeete, Tahiti

FILLE N°1

Joe, n'a mon phone qui sonne mais j'ai pas envie de décrocher... chui trop effet pour le moment.

FILLE N°2

Réponds pa'i, c'est important paha.

FILLE N°1, QUI DÉCROCHE

Allo ?

[elle raccroche]

FILLE N°2

Alors, c'était qui ?

FILLE N°1, APRÈS UN MOMENT

Chai pas, juste un tas de voix qui parlent.

sa le petit brad et son pupuhi

spot : plage du tombeau du Roi Pomare V, Arue, Tahiti

PETIT BRAD

Tchhhhhh ! j'ai pas emmené mon pupuhi !

mā'ohitude

PATÈRE
Pourquoi pas ?

PETIT BRAD
... C'est pas assez balèze.

PATÈRE
Bé, la taille, c'est pas important.

sa l'hôtesse fiu mais réaliste

spot : cabine d'un vol Air Tahiti, direction Bora Bora

HÔTESSE FIU APRÈS LA N-IÈME ROTATION

En cas de dépressurisation de la cabine, des masques à
oxygène tomberont à votre portée. Une fois les cris
dissipés, veuillez placer le masque à oxygène devant
votre bouche. Si vous voyagez avec un enfant, ou bien
un adulte se comportant comme un enfant, placer
d'abord votre masque avant d'essayer de les aider.

sa la fille qui gagne son pari

spot : lycée Aorai, Pirae, Tahiti

LYCÉENNE

J'm'en fous combien de doigts t'as pu mettre dedans.
L'important, c'est qu'elle t'as pas mangé. Alors j'ai
gagné !

sa la vahine
qui a honte d'acheter des capotes

spot : happy hour du Beachcomber Intercontinental Resort, Tahiti

VAHINE N°1

Tu sais, ça fait carrément honte d'aller à la pharmacie pour acheter des capotes.

VAHINE N°2

Ben achète paì à Carrefour.

VAHINE N°1

Dyèè ! Et regarder la boite avancer doucement sur le tapis roulant devant tout le monde ? Ah nan pas là, le cauchemar !

VAHINE N°2

Oh la la ...

VAHINE N°1

D'un autre côté, je flip aussi quand je les commande par Internet. N'a forcément quelqu'un qui met ça dans une boite, avec le gel que j'ai commandé, et puis qui l'envoie à mon adresse. Eh ils doivent être là les gars, dans l'entrepôt, à se dire "*Ce soir, Taina de Tahiti va se faire baiser !*"

126

mā'ohitude

VAHINE N°2
Maì... prend un autre verre.
Tu psychottes pour rien là copine, relax !

sa le mo'otua qui apprend tout seul

spot : finale du concours de ukulele, Hitia'a O Te Ra,
Tahiti

KAINA N°1
Et ton mo'otua, t'as réussi à le mettre au ukulele ?

KAINA N°2
'Aita, enfin ça l'intéressait pas trop pa'i la musique,
jusqu'à n'a pas longtemps. Et là, il apprend tout seul
comment jouer la guitare. Et il commence à être
carrément bon !

KAINA N°1
Ah bon ? Et comment il fait pour apprendre par lui
même ?

KAINA N°2
Un programme sur son ordi, ça s'appelle...mea...
Guitar Hero.

sa le mā'a tahiti pas dans le menu

spot : un snack-resto près du marché de Papeete, Tahiti

COUPLE DE TOURISTES FRANÇAIS,
À LA SERVEUSE LOCALE QUI APPORTE LES MENUS
Bonjour, pas la peine de voir les menus, on sait déjà ce qu'on veut.

SERVEUSE LOCALE, PRÊTE À ÉCRIRE
Je vous écoute ?

COUPLE DE TOURISTES FRANÇAIS
On voudrait deux mā'a tahiti s'il vous plait.

SERVEUSE LOCALE, AMUSÉE
Ah mais... on ne fait pas le mā'a tahiti.

COUPLE DE TOURISTES FRANÇAIS, SURPRIS
Ah bon ? Mais c'est pas la spécialité culinaire de Tahiti ?
C'est dans tous les guides...

SERVEUSE LOCALE, GÊNÉE
Si, mais... comment vous dire... c'est long à préparer...
mais on a quelques plats du mā'a tahiti, comme le
poisson cru lait de coco, ou le poulet fāfā...

COUPLE DE TOURISTES FRANÇAIS
Long a préparer ? Nous on vient de Castelnaudary, et

128

vous trouverez du cassoulet dans tous les restos alentours. Et pourtant ça se prépare pas en 5 minutes ! [...] Donc vous n'avez pas le plat national en stock ?

SERVEUSE LOCALE, INTRIGUÉE

Steak frites ? 'Oia, steak frites c'est bon, j'ai ce qu'il faut.

sa le popa'ā qui gère les double-appels

spot : front de mer, Papeete, Tahiti

POPA'Ā, AU VINI

Oui ma vahine d'amour....

...

tu me manques aussi...

...

j'ai trop hâte de me serrer contre toi...

...

Tu es si délicieuse mon trésor des îles....

...

Oh oui tu me rends fou.

Attend 2 secondes, j'ai un autre appel

[regarde l'écran de son téléphone]

... Merde! C'est ma femme. Euh...

je te rappelle de suite ma chérie.

sa le djeune qui montre ses talents au DNB

spot : sortie du collège de Paea, Tahiti

FILLE, APRÈS L'EXAMEN DU DNB
Alors, comment ça c'est passé ?

GARS AU LOOK SÉRIEUX
Ben, j'ai dessiné des méchants graffitis sur les 3 premières pages, et sur la 4ème, j'ai fait un magnifique surfeur qui ride sur un dauphin, dans un méga tube à Teahupoo.

sa la technique de la fille
pour aborder le gars

spot : un soir rue des Écoles, Papeete, Tahiti

FILLE AU LOOK DÉFONCÉ, QUI CROISE UN GARS
Excuse-moi... tu te rappelles peut-être pas de moi, mais on est sorti ensemble une fois.

GARS, QUI S'ARRÊTE MÊME PAS
Euh.... non, je crois pas non.

mā'ohitude

sa le gars s'il était gay

spot : quartier Titioro uta, Papeete, Tahiti

GARS N°1

J'ai toujours pensé que si j'étais gay, je serai l'homme.

GARS N°2

Hein ?

GARS N°1

Mais maintenant que j'y pense, je préfèrerais être la chochotte, pour les cadeaux et tout ça...

sa le gars arrogant tu vois ?

spot : parc Bougainville, Papeete, Tahiti

JEUNE FILLE N°1

Et il est si arrogant, tu vois ?

JEUNE FILLE N°2

Attend... arrogant, ça veux dire stupide, hein ?

JEUNE FILLE N°1

Ouais, ça veut dire stupide et ... idiot quoi.

sa le popa'ā qu'a jamais vraiment volé

spot : quartier Aou'a, Paea, Tahiti

DJEUNE KAINA
Et toi, t'as déjà volé ?

POPA'Ā
Non jamais ! *[pause]* Enfin si, maintenant que j'y
pense... tous les jours en fait.

DJEUNE KAINA
Ah bon c'est quoi ?

POPA'Ā
Ben quand tu me demandes des musiques et que je les
télécharge sur Internet...

DJEUNE KAINA
Ah c'est pas gratuit la musique ?

POPA'Ā
Ben voilà, vous vous rendez même plus compte ! ...
.. tout le temps en train de vous transférer de la
musique avec vos vini, vous les djeunes.

sa la kaina balèze qui commande un Mc Do

spot : restaurant Mc Donald de Papeete, Tahiti

CAISSIÈRE
Et pour la boisson Coca, quelle taille ?

KAINA BALÈZE, GÉANT ET INTIMIDANT,
AVEC UNE VOIX TRÈS GRAVE
Ma taille.

[la caissière se retourne, attrape le plus grand gobelet]

sa la femme qui aime vraiment sa

spot : feu piéton du PK 0, Papeete, Tahiti

FEMME EN TAILLEUR
Moi je suis à la Banque de Polynésie

HOMME EN COSTUME
Ouf! ils facturent tout un tas de frais. Il faut vraiment
aimer se faire enculer.

FEMME EN TAILLEUR
Ben...

sa la vieille qui imprime pas les Tuāmotu

spot : chez Hilaire, Papeete, Tahiti

VIEILLE POPA'Ā
La fille de Corinne a adopté deux petits Puamotu...
Puamotois ?

JEUNE POPA'Ā
Pa'umotu.

VIEILLE POPA'Ā
Oui, enfin tu sais, des iles Puamotu.

JEUNE POPA'Ā
euhhh...

sa le dauphin plus intelligent que l'homme

spot : Dolphin Center, InterContinental Moorea Resort & Spa

GARS
Le dauphin est le deuxième animal le plus intelligent.

FILLE
Et qui est le premier ?

mā'ohitude

GARS
Ben c'est l'homme.

FILLE
Attend, l'homme est un animal ?

GARS
Ouaip

FILLE
Vraiment ?

GARS
C'est sûr attend, regarde nous...

FILLE
Ouais mais... c'est pas tout le monde.

GARS
Qui est un animal ?

FILLE
Mais non !
C'est pas tout le monde qui est plus intelligent que les dauphins !

sa la vahine et son détecteur d'accent

spot : happy hour du Beachcomber Intercontinental Resort, Faa'a, Tahiti

VAHINE SEXY, À UN GARS ASSIS À LA TABLE DERRIÈRE ELLE
Yeah ! Ton accent, ça vient d'où ?

TA'ATA POLYNÉSIEN, SE RETOURNE POUR REGARDER LA FILLE, PUIS LARGE SOURIRE, L'AIR CARRÉMENT PARTANT
Dé Rapa Nui mi amor ! Tou aime ?

sa le gars qui trouve sa joli

spot : rayon assiettes de Carrefour, Punaauia, Tahiti

PETITE AMIE POPA'Ā, TENANT UNE ASSIETTE DANS LA MAIN
ça, tu aimes ?

PETIT AMI TAHITIEN
Ouais c'est joli.

PETITE AMIE POPA'Ā
"*Ouais c'est joli*", parce que c'est joli ? Ou "*Ouais c'est joli*", comme ça on peut foutre le camp d'ici ?!

sa la colocation avec le raerae

spot : les escaliers d'un immeuble à Papeete, Tahiti

FILLE

Je suis trop contente que tu emménages avec nous !!

RAERAE

Voilà copine, moi aussi ! Je discutais avec mon colocataire l'autre jour ra, sa que j'aime pas, et elle était genre, "*Joe j'ai l'impression qu'une fois que t'aura déménagé, oti on va plus se voir, et on tripera plus ensemble.*" Et dans ma tête je pensais "Pétasse, quand je bouge d'ici, tu dégage direct de mon Facebook ! Je t'ai ajouté pasque sa faisait pitié à toi!". Bref...

sa le guide qui t'explique tout sur Papeete

spot : front de mer, près du centre Vaima, Papeete, Tahiti

GUIDE BIZARRE

Toutes les habitations de Papeete ne dépassent pas 5 étages, parce qu'ils n'avaient pas d'ascenseur, et c'est le nombre d'étages qu'on peut monter avec les courses du marché sans être trop fiu.

sa la demie et son côté farāni

spot : sur les marches du Centre Vaima, Papeete, Tahiti

FILLE DEMIE, À SA COPINE TAHITIENNE
Ça doit être mon côté farāni. Tu vois ça me prend du
genre, 5 heures pour finir un casse-croute.

sa le prof et les élèves qu'ont soif

spot : en classe au collège de Paea, Tahiti

PROF, FACE AU TABLEAU PRÊT À ÉCRIRE
Alors, à quoi associez-vous le citron ?

ÉLÈVE N°1
Jaune et vert !

ÉLÈVE N°2
Énergie !

ÉLÈVE N°3
Vodka Monster !

PROF, SE RETOURNE
Quoi ? Votre camembert ?
Qui a dit '*votre camembert ?*'

sa le kaina et les SMS

spot : devant le magasin Marie, Paea, Tahiti

KAINA N°1

T'rend compte le man ? Il était là, cool, à envoyer un SMS à son bonbon dealer, quand BOUM ! il a renversé le jeune à bicyclette.

POPA'A

Attend honnêtement, ça aurait pu arriver à n'importe qui d'entre nous.

KAINA N°2

Bof.. moi c'est rare aussi j'envoie le SMS.

sa le touriste et la tradition qui se perd

spot : marché municipal de Papeete, Tahiti

TOURISTE, À SA FEMME, DEVANT LES STANDS "COCO" DU MARCHÉ DE PAPEETE

Les locaux ne râpent plus leur coco eux même. C'est fini tout ça, regarde.

sa pour la route des vins à Rangiroa

spot : arrivée à l'aéroport de Rangiroa, Tuamotu

TAHITIEN

Aaaah Rangiroa, super ! J'ai toujours rêvé de visiter là pa'i où il font le vin.

PA'UMOTU

Ah mais on peut pas visiter le vignoble comme ça.

TAHITIEN

Mais si ! Le beau-frère, il habite en France, et à chaque fois il me parle de "la route des vins", "la route des vins", et comment tu visites de domaines en domaines et tu fais seulement la dégustation de vin gratuit.

PA'UMOTU

Ouais mais là Joe, c'est Rangi. Les visites sont réservées aux professionnels.

TAHITIEN

Toy !

PA'UMOTU

Attend, t'imagines sinon ? Tous les ta'ata qui viennent tous les jours boire gratuit ? Y'aurait ho'i la queue jusqu'à l'église !

TAHITIEN

C'est sa ho'i. Et.. comment on fait alors pour passer pro?

sa le kaina et les noms des actrices

spot : près du cinéma Majestic à Mama'o, Papeete, Tahiti

KAINA N°1

Tu sais c'est qui la hot ? Megan Fox.

KAINA N°2, D'UN AIR PAS CONVAINCU

Ouais c'est la hot.

[soudain, d'un ton plus excité]

Mais tu sais c'est qui la caaarrément hoooooot ?

KAINA N°1

Qui ?

KAINA N°2

Sa la fesse cheveux brun dans le film Transformers,
toy ! C'est quoi son nom déjà ?

KAINA N°1

Et pa'i, Megan Fox ?

KAINA N°2

Aaaah okéééé ! Sa la hoooot, braaaaad !

tranches de vie à Tahiti

lexique tahitien contextuel

aich : interjection équivalente de 'c'est nul'

'aita : non

'āpī : neuf, nouveau, récent

arofa : saluer quelqu'un

'auē : exclamation exprimant la peine, la douleur, ou le plaisir

'ava : alcool

cocoro : pénis

'ē : oui

'ē'ēee : s'il te plaît

erā : voilà

eure : insulte

fa'a'amu : nourricier, adoptif, adopter

fa'aru'e : laisser tomber, abandonner

fa'aterehau : ministre

fāfaru : poisson macéré dans une préparation à base d'eau de mer fermentée

farāni : français

fenua : pays, terre

fēti'i : famille, parent (uni par la parenté)

fiu : en avoir marre, ras-le-bol, être fatigué, s'ennuyer

ha'avare : faux, menteur, artificiel

ha'aviti : fais vite, dépêche-toi

hau'a : sentir, odeur

here : amour, très cher, bien-aimé, aimé, chéri

hīae : exclamation de dégoût (ièè, diae)

hinu : gras, huileux

hoa : ami

hōho'a : image, forme, ressemblance

ho'i : aussi (heui)

horo : courir, fuir, s'enfuir

joe : (comme le prénom) interjection pour dire mec, gars, man

kākati : ronger, mordre, déchirer avec les dents

kēkē : aisselle
mā'a : nourriture, repas, aliment
ma'a : un peu, l'idée d'une quantité assez restreinte
mai : vers moi, ici
mā'ohi : local, du terroir
maoro : long dans le temps, l'espace
marae : lieu de culte ancien à ciel ouvert
matahiapo : l'aîné des enfants, le premier né
māu'a : être gaspillé, gâché, perdu
māuruuru : merci
mea : chose, truc, bidule
mea mā : les gars, vous tous
miti : mer
mo'otua : petit-fils, petite-fille, petit neveu ou petite nièce
mūto'i : agent de police
nave : être réjoui, enchanté, ravi, charmé
nūna'a : peuple, tribu
'oia : si, c'est cela
oti : être fini, terminé
pa'i : adverbe. eh bien, donc, en fait, un peu (selon le contexte)
paipu : pipe, vraisemblablement pour fumer le paka
pāmu : baiser
paha : peut être, probablement, sans doute
paka : cannabis
paraparau : conversation, bavardage
patapata : taper au clavier
pātitifā : Pacifique
pau : être complètement dévoré, mangé, consommé, rongé, n'a plus
pa'umotu : originaire de l'archipel des Tuāmotu
pētea : pédé
pito : nombril, cordon ombilical
pō'ara : gifler, donner une baffe
popa'ā : étranger

poti : bateau
pupuhi : fusil, revolver, arme à feu
ra : là
rā'au : médicament
raerae : travesti
rātere : touriste
roa : très, trop, complètement
roto : dans, parmi, en, à l'intérieur
ta'ata : personne (ta'ata tahiti : Tahitien)
ta'ero : soûl, intoxiqué
tamari'i : enfants
tāne : homme, mari, amant
taparahi : rosser, battre, frapper quelqu'un
tāpōnē : japonais
tāu'a : prêter attention
taure'are'a : jeune adolescent insouciant
taui : changer
terā : ce, cette, celui-là, celle-là, voilà
tiho : anus
tiki : statue, image d'un dieu ou d'un esprit
tinitō : chinois
tītoi : branleur (toy ! : équivalent de 'putain !')
tītoitoi : se masturber
to'a : guerrier
tūpāpa'u : fantôme, revenant
ūmara : patate douce (mais aussi au sens figuré...)
vahine : femme, épouse, maîtresse
veri : cent-pieds, scolopendre
vini : téléphone portable

tranches de vie à Tahiti

index

mā'ohitude

Merci à tous les gens que j'ai croisé
et qui ont permis de recueillir ces dialogues.
Changez rien mea mā, vous êtes super !

Mā'ohitude continue tous les jours sur Internet :

http://maohitude.com

Suis aussi Djo Brad sur twitter : **@maohitude**

Commandez cet ouvrage et le tome II sur Amazon

Trouve ta passion,
et plonge dedans.

Printed in Great Britain
by Amazon

24023802R00086